生きづらさを、自分流でととのえる

ウェルビーイング的思考100

はじめに

なんだか気分よく生きていそうなあの人は、
日々どんなことを考えているのだろうか？
そんな単純なことが知りたくて、わたしたちはインタビューを始めました。

各界で活躍するクリエイターや学者、専門家にお話を聞いていくうちに、
彼らには共通点があることに気づきました。

それは、自分だけのものさしで世の中をとらえ、みずからを励ましていること。
そしてなにより〝自分で自分を幸せにしている〟こと。
なにが幸せかを決めるのは彼ら自身であって、ほかのだれでもないのです。
わたしたちは、彼らのそんな前向きな考え方を

「ウェルビーイング的思考」と呼ぶことにしました。
「ウェルビーイング」とは、身体《からだ》も心も元気で、
社会との関係もよい状態を指す言葉です。

本書で紹介するのは、
21名のインタビューで語られた100のウェルビーイング的思考。
日々のなかで、さまざまな生きづらさを感じて
乱れた心の〝ととのえ方〟ともいえるでしょう。

気になったものがあれば、ぜひ今日から暮らしのなかに取り入れてみてください。
ほかの人にとっては取るに足らないささいなことも、
かけがえのない幸せとして実感する。
それが、明日のウェルビーイングへとつながるはずです。

目次

作家

角田光代

MITSUYO KAKUTA

1967年、神奈川県生まれ。早稲田大学第一文学部卒業。90年『幸福な遊戯』で海燕新人文学賞を受賞してデビュー。2005年『対岸の彼女』で直木賞受賞。20年、角田訳『源氏物語』（全3巻、河出書房新社）を刊行。

2021.10.1 Interview

「生活習慣」について

2020年4月7日、東京都はコロナ感染防止策として最初の緊急事態宣言を発令しました。

その後、在宅勤務も進み、生活習慣が変わったことが原因とされる心身の不調を訴える人が増加。

「暮らしのリズムは人にこれほど影響を与えるのか？」ということがコロナによってクローズアップされました。

日々規則正しい生活を送る作家、角田光代さんの、暮らしを積み重ねるなかで得た、自分を楽にする暮らしのリズムのととのえ方です。

01

だれかの真似じゃなくて、自分に合う生活リズムを見つけると、とても楽になる

「作家」と聞くと、なんとなく、不規則な生活のなかでインスピレーションの赴くままに原稿を書くイメージがありますよね。ところが角田光代さんはご自身の暮らしを「怖ろしいほど規則正しい生活です」ときっぱり。率直で正直で、しかも新鮮な回答にたくさん笑い、最後には大ファンになったインタビューでした。

まずは〝規則正しい作家生活〟について。「実は20代のころは、芸術家は夜起きている

もの！　という思い込みがあって。カッコよくしたかったんでしょうね。〝アイディアを思いついちゃったから寝られない〟ふりをしたりして、眠いのに夜更かししていました」という、意外な話から始まりました。そして、それが規則正しい生活に変わったきっかけも「情けない理由なんですけど、30歳のころ、会社員の方と交際したから」だそう。その人に合わせ、それまでの〝カッコいい芸術家っぽい生活〟が〝会社員よりよほど規則正しい生活〟になりました。書けなくても朝9時には机に座り、17時になったら「残業なし！」で仕事場から自宅に帰る生活に変化。そして同じころ、角田さんは作家としてもターニングポイントを迎えていて、ある重要なことに気づきました。「自分は憧れていた芸術家タイプじゃない、今の規則正しい生活が合っている」と。角田さんは自分の性分を知ることで、自分に合う生活リズムを見出《みいだ》したのです。それは思い描いたものではないけれど、「そんなダサイ私」を自分に認めさせたらすごく楽になった、と笑います。そして、作家・角田光代は37歳のときに第132回直木賞受賞作『対岸の彼女』を書きあげました。

02

朝、起きられない自分を「ダメだなあ」なんて責めなくていい

「早寝早起き」「早起きは三文の徳」など、正しい生活習慣というのはだいたいこういうものだという常識が、今も昔も社会に根づいています。研究者や医師も健康の観点から規則正しい生活を勧めます。私たちの大部分も思っていますよね？　「朝早くパッ！　と起きられる人がエライ！」と。インタビューでは、それについてあらためて考えさせられるような、全員が驚くエピソードがありました。

角田さんは、30歳のころから朝9時には仕事を始める朝型になりました。ところが、ご主人であるミュージシャンの河野丈洋《こうのたけひろ》さんは正反対の夜型の人。しかもいったん仕事を始めたら何日もやめられないタイプで、角田さんにしてみたら想像を絶する働き方をする人だそう。そんな河野さんが、結婚前に規則正しい角田さんの生活をしばらく真似してみたら、なんと体調を崩して倒れてしまったそうです。

「たぶん、彼には彼のやり方が合っていたんです。その時私は初めて、こんなにも生活習慣に向き不向きがあるんだと気づきました。私の場合は世間一般によいとされる習慣が自分に合ったからよかったけれど、それが合わない人もたくさんいるに違いないと。会社員の方が、本当は夜型だったら辛《つら》いですよね」

世の中すべての人に合う生活習慣はないのかもしれません。正しい、正しくないではなく、それが合うか、合わないかなので、早起きができなくても自分を責める必要はありません。今も朝型の角田さんとご主人が会うのはもっぱら夜だそうです。

03

始める時間より、終える時間を決めておいたほうが人間は楽

「働き方改革」という言葉、今となってはなんだか懐かしい気さえします。以前から徐々に始まっていた在宅勤務は、コロナ禍がきっかけとなって急速に広がりました。それに伴ってパソコンなどのデバイスの普及やオンライン環境の整備も短期間に大きく進み、便利なシステムやサービスもどんどん進化しましたが、人々はすぐに順応できたわけではありませんでした。在宅勤務が始まってから数カ月後、心や身体に変調が

現れた人がたくさんいたといいます。それまでは職場の始業／終業の時間が仕事とプライベートを切り替えるタイミングになっていましたが、それがあいまいになったのも原因のひとつかもしれません。

その点について角田さんは「たぶん〝終わりどき〟がわからないということもあるのでは」と、非常に重要なポイントを指摘してくれました。

「始める時間より、終える時間を決めておいたほうが人間は楽だと思いますね。だって、終わりさえ決めたら、あとは何をしてもいい。今日の終わりを決めておけば、次の日の始まりのことも〝明日はちょっと忙しいから、6時に起きればいいか〟とか〝明日はゆるいから、8時過ぎでも大丈夫〟とか、余裕を持って考えられます」。終わる時間を決めれば自然にそのあとの計画も立てられるので、持ち時間を有効に使えるのではないかと。

仕事でも家事でも、終わりどき、やめどきを決めておく。暮らしのリズムをととのえるために、すぐにでも試せそうです。

04

自分に合う「暮らしのリズム」を守ることは、気持ちの安定につながる

角田さんのお話から強く感じたのは、角田さんがご自身のことをすごくよくわかっているということ。「自分に合う生活習慣」と一口に言いますが、その「自分」がわからなかったら、合う、合わないもわからないですよね。

角田さんは、失敗も繰り返しながら、時間をかけて作ってきた〝自分に合った生活習慣〟をどのくらい守れるかどうかが、精神の安定に深くつながると感じているそう。

角田さんには「晩ごはんは19時」という絶対のルールがあります。それを過ぎると「ああ、もう今日は失敗だ！」と感じてしまうそうです。ご主人が20時半に帰宅する日でも、自分は19時に食べてしまう。若いころならば夫の帰りを待っただろうけれど、50代になった今は、待っていると自分が不機嫌になることもわかったので、待つことをやめたのだそう。

「たった一時間半も待てない自分に『えっ⁉』て、思うときもあるんですけど、待たないほうが気持ちが楽に生きられると気づいて、それがとてもよかった」と角田さん。

些細《ささい》なことかもしれませんが、いくつになっても、自分のことは〝だんだんわかってくる〟ものなのですね。角田さんのように、自分を不機嫌にする要因がわかるのも、自分への理解につながっていくのかなと思います。年齢を重ねて、自分のことがわかってきたり、新しい自分を発見できるのは、とても楽しみなことだと気づかされました。

05

「100歳まで」じゃなくて〃ちょっと先の今〃をととのえておく

「人生100年時代」といわれてずいぶん時間がたちました。100歳は珍しくなくなっていますが「100歳まで生きたいですか?」というアンケート調査[*1]では6〜7割の人が「生きたくない」と回答しています。

その理由として大きいのが、健康寿命と資産寿命への不安。「寝たきりで100歳なんていやだなあ」と思うのは当然のことです。「長生きしたい」から「元気で長生きしたい」へ変化していった健康志向は今「100歳まで生きちゃうかもしれないから」という、脅迫観念のようなものも前提になってきているように感じます。

角田さんはお酒が好き。かつてご主人の河野丈洋さんと共著で『もう一杯だけ飲んで帰ろう。』[*2]というエッセイを出したこともあります。コロナ禍以前には、17時で仕事を終えたあと、外に飲みに行くこともよくありました。パンデミック後も「酒に弱くなった」と言いたくなくて、「家で筋トレするように酒を飲んで鍛えた（笑）」ところ、人間ドックで肝臓の検査数値がちょっと心配なことに。「100歳まで生きたいと思わない」ときっぱり答えた角田さんですが、「100歳まで生きよう、というのではなく、ちょっと先まで自分の好きなことをして楽しく過ごすには、今からいろいろととのえたほうが」と、休肝日という新しい生活習慣を採り入れたそう。〝ちょっと先〟、そのくらいなら想像がつくし、なんだかホッとします。

＊1 オレンジページ「くらし予報」アンケート　2021年9月調べ　n=1439
＊2『もう一杯だけ飲んで帰ろう。』2017年（新潮社）

絵本作家

五味太郎

TARO GOMI

1945年、東京都生まれ。工業デザイナー、グラフィックデザイナーなどを経て、70年代から絵本作家に。.『きんぎょが にげた』や[らくがき絵本]シリーズなど、著書は450作以上。産経児童出版文化賞、ボローニャ国際絵本原画展賞など受賞多数。

2021.11.15 Interview

「違和感」について

五味太郎さんは子どものころも、
絵本作家になる前にデザイナーだったときも、
描きためていた絵本を見せた友人から
「出版社に売り込めばいいのに」と言われて
絵本作家になってからも、ずっと〝違和感〟を持ち、
それに抗《あらが》ったり、考えたり、ときには楽しんできました。
コロナ禍を経た今は、いろいろな違和感が多くの人を
悩ませているらしい。五味さんに伺った
〝違和感〟にまつわるととのえ方です。

06

違和感は悪いことではない。人生の楽しみかもしれないし、自分を鍛えるチャンス

「絵本作家」というとどんな人を想像しますか？　なんとなく、おだやかで、やさしそうな人を思い浮かべるのではないでしょうか。五味太郎さんはそんなイメージを気持ちいいくらいに軽々と飛び越えてくれる、痛快な、そして本当にやさしい絵本作家です。インタビューの際もハッとする言葉が空間に満ちて、わくわくする時間でした。

そんな五味さんは「子どものころから違和感だらけで生きてきた」と言います。も

う、違和感の家元、と言ってもいい。なにしろ、幼いころはずっと「自分はどうしてここにいるんだろう」と考えていたそうですから。ただし五味さんは「違和感は悪いことではない」と言います。私たちが普段、違和感という言葉を使うのって、だいたいが「いやだな」と感じているときですよね。でも、五味さんのお話を聞いて思いました。違和感というものは、そのとらえ方と向き合い方で良いものにも悪いものにもなるのではないかと。大切なのは気持ちの許容量と柔軟さ。

五味さんはインタビューの中で、「違和感を覚えたら、一旦受け止めて考えるキャパシティがないと、違和感は不快感だけを残してしまう」と言っています。「あ、いやだな」で終わらせないで、それがなぜいやなのか客観的に考えよう、と。五味さんはまた「エンジョイ！　違和感」とも言いました。違和感を感じたのは自分を鍛えるチャンス、そう言われた気がします。

07

「同じ言葉を話すからわかり合える」がトラブルのもと、と思っておく

五味太郎さんは４５０作を超える絵本を出していて、そのうちの１５０冊以上が、25カ国を超える国で翻訳、出版されています。五味さんの作品は、歴史も人種も言葉も習慣も違う国の人々をびっくりさせて、うれしくさせて、そして考えさせている。つまり〝通じて〟いるのです。五味さんには表現したいことがたくさんあるから、その核となる部分を見つけ、シンプルな絵と文で多くの人に通じる表現の仕方を、これでもかと考

えたのだろうと想像します。

そんな五味さんのインタビューを終えて感じたメッセージは、「世の中で〝普通そうだよね〟と言われていることについて、いま一度考えてみよう」というもの。

たとえば「日本語を話す者同士は、相手が何を言いたいかちゃんとわかっているか」？　私たちは「言葉が通じない」ということを二つの意味で使います。ひとつは「異国の言語がわからない」、もうひとつは「同じ言語で話しているのに、自分の言っていることが伝わらない」。海外を訪れて言葉が通じずに、頭をフルに動かせてなんとか意思を伝え、やっと伝わった喜びを経験した人も多いのではないでしょうか？

「同じ言葉を話すから、〝お互いわかってるよね？〟を前提にする。たとえ家族でも、それがトラブルのもとなのでは？」と五味さんは言います。「他人の頭の中なんて、しょせんはわからない」、それを前提として丁寧に確認すれば、結構トラブルは避けられそうです。

まあ、わからなくていいこともありますけどね。

08

自分の中に溜《た》まった違和感を、見えるもの、聞こえるものにするのが「表現」

「表現する」ことは、何か特別なこと、才能ある人がやることと思っていませんか？

「いやいや、とても凡人の自分になんてできません」と。でも五味さんはこう言います。「みんな〝表現する〟ということを、もっとしたらいいのにね」と。

五味さんは「違和感は悪いことではない」とはいうものの、小さいころから違和感だらけだったので、子どものころ、大人に聞きたかったり、意見したいことがたくさんあったと振り返ります。でも、太郎少年の言葉がその場の雰囲気をしらけさせたりするので、いつの間にか自分の中に閉じ込めていったのだそう。

「そのころ溜めてきたものをはき出しているのが今。僕の場合は、健康であるために、そして爽やかであるために絵を描いたり、文章を書いたりしているのです。他人の絵を見ても、〝ああ、この人、やっと言いたいことが言えたんだな〟なんて思う。言いたいことが多い人ほど豊かな表現者なんですよ」。なるほど！　表現することは、自分の中に溜まったものを〝見えるように、聞こえるようにする〟ということなんですね。

「感受性が強い子どもだった人ほど溜まっているものは多いはずだから」と語る五味さん。「表現せよ！」というアドバイスは、私たちが〝健康で爽やか〟であるために役立ちそうです。とりあえず、今の気持ちを紙に書く。そんなことからでも、「表現すること」を始めてみたらいいのだと思います。

09

「壊れたら、新しいのに換えられるよね！」って、〝変化〟をうまく使えばいい

2020年4月5日、朝日新聞のWEBメディア「withnews」のインタビュー記事＊に五味さんが登場しました。インタビューが行われたのは緊急事態宣言が出される直前、未知のウイルスへの恐怖と、変わり始めた日常に、多くの人の気持ちが縮こまっていたころです。五味太郎さんはインタビューの冒頭、記者に「新型コロナで大人が不安定で子どもも居心地が悪い。子どもに何か届けられないかと思い伺いました」と言わ

れ「はい、一緒に考えましょう。それで、まず聞くけど、逆にその前は安定してた？　コロナ禍じゃなかったときは、居心地がよかった？」と質問しました。

質問した記者はきっとギクッとしたと思いますが、五味さんのその問いかけが注目され、記事はニュースサイトやSNSで拡散。それを読んだ多くの人が「そうだよね、コロナ前って、そんなに良かったっけ？」とあらためて考える機会を得たのです。

それから時がたち、マスク着用は個人の判断に委ねられ、旅行もできるようになりましたし、多くの飲食店は再びにぎわっています。コロナ前に戻ったわけではありませんが、〝たいへんだったけど、わかったこともたくさんあったよね〟というのが正直な感想ではないでしょうか？　「何かを乗り越えた人はその後の幸福満足度が上がる」という研究結果があります。変化は新しいものを生むチャンス。何かを新しくできるはず、と、慌てずに考えればいいのではないでしょうか。

＊「五味太郎さん『コロナ前は安定してた？』不安定との向き合い方」２０２０年４月５日（withnews）

10

苦しいのは「人間が限りなく進歩していく」という前提があるから

アジア競技大会などのスポーツ大会では「Ever Onward（エバーオンワード）――限りなき前進」「より速く、より高く、より強く」という言葉が掲げられます。この「人間は限りなく前進すべき」という価値観は知らないうちに私たちの人生の前提になっていて、それこそが人を苦しくさせているのではないかと、五味さんは考えます。たとえば、2年生は1年生より、大人は子どもより賢くなっているはずで、成績も売り上げも、今月は先月より、今年は去年より良くしなくてはならない。

ウェルビーイング研究の第一人者である石川善樹さんは「日本的ウェルビーイングは、どんどんプラスを増やす西洋的思考ではなく、マイナスの価値も受容した後でちゃんとゼロに戻るパターンのほうだと思う」*と言います。良いことも悪いことも受け入れて、いい時と悪い時の振幅が大きくても小さくても、ちゃんと元からある気（元気）に戻ってくるようなイメージ。しかし、幕末から明治時代、「脱亜入欧」を掲げて日本が近代化していく過程で、西洋的思考が教育や組織の論理に採り入れられ、知らず知らずのうちに私たちは、性に合わない無理をさせられてきたのかもしれません。

五味さんは「去年より今年のほうが賢くならなきゃって、そりゃ無理ですよ」と笑います。自分にもわからないことを子どもに聞かれたら「なぜなんだろうね」と言い、わからないことを共有すればいい、とも。自分自身に対してもそう。自分はいつ成長するのかなあ、とのんびり構えるくらいでいいんじゃないでしょうか？

*『むかしむかし あるところにウェルビーイングがありました』石川善樹、吉田尚記 2022年（KADOKAWA）より

11

会社が自分をどう使ってくれるか じゃなくて、自分がこの会社を使えるか、 と意識を変える

インタビュー終了後、配信を視聴していた就職活動中の大学生からチャットで質問がありました。「会社が求めることのために自分の違和感を黙殺されるように感じて、就職活動を中断している。働くとはどういうことでしょうか」という内容です。

五味さんはここで新鮮な意識改革を提示。それは「自分がどんな会社に使ってもらえるか、ではなくて、自分が使える会社はどこかを考える。自分と企業を対等、五分五

分の関係に置く」ことです。

私たちは初等教育から高校、大学を経て「試験されて評価されて選別される」ことに慣れている。就職してからも評価されることに一喜一憂して、そこに気持ちのウェイトが置かれている人も少なくないはずです。

いい学校を出て、いい会社で終身雇用されることこそ安泰で幸せな人生、というモデルは今まさに変わろうとしているとはいえ、学歴社会なるものがなくなったわけではないと感じます。でも、一人一人が自分を評価される対象と位置づけるのをやめて、「自分は、社会や属している会社と対等なんだ」と思える人が増えたら、教育のあり方も、企業と雇用者、国と国民の関係性も、そして世の中も変わっていくのでしょう。

予防医学研究者

石川善樹

YOSHIKI ISHIKAWA

1981年、広島県生まれ。東京大学医学部健康科学科卒業。ハーバード大学公衆衛生大学院修了後、自治医科大学で博士（医学）取得。「人がよく生きる（Good Life）とは何か」をテーマに、企業や大学と学際的研究を行う。専門分野は、予防医学、行動科学、計算創造学、概念進化論など。

2021.12.8 Interview

「ウェルビーイング」について

人生100年時代が近づく今、
「ウェルビーイング」という新しい、
かつ心強い概念が人々を惹きつけています。
石川善樹さんは、ウェルビーイング研究の第一人者。
わかりやすい言葉で発信し、各界にその知見が
求められています。「ウェルビーイング100」の連載
「ウェルビーイングを巡る旅」でも、毎回さまざまな
気づきを与えてくれる石川さんに伺った、
シンプルで深いととのえ方。

12
だれにでも元からある「気」、それが「元気」

「ウェルビーイング」。最初にこの言葉が登場したのは、１９４８年に開設された「ＷＨＯ（世界保健機関）」の憲章の前文でした。「健康とは、単に病気ではないとか、弱っていないということではなく、肉体的にも精神的にも、そして社会的にもすべてが満たされた状態（well-being）」という、健康を定義した文章中に出てきます。はっきりと言い切ってはいますが、では、どんな状態が「ウェルビーイング」なのか。健康？　幸せ？

充足感？　そして、どうしたらウェルビーイングになれるのでしょうか。

石川善樹さんは、物心ついたときから、僻地《へきち》医療に携わる医師だったお父さまと「ウェルネス」や「ウェルビーイング」について話していました。それがなんなのかもわからずに「ウェルビーイングというものがあるんだな」と思っていたそうです。そして、お父さまはよく「人にはもともと〝気〟がある。それが〝元気〟」、という話をされていた。幼い石川さんも「元気っていうのは、カラ元気じゃなくて、〝普通〟ってことなんだな」と思っていたそう。

石川さんは「ウェルビーイングが何かはわからない」とあらゆるメディアで明言しています。その理由は「ウェルビーイングや幸せのかたちは本来一人一人それぞれに異なるものだから」。でも、〝元気〟は日本的ウェルビーイングを考えるうえで非常に重要な言葉。上昇志向の幸せではなく、「自分にもともとある気＝元気」に戻っていくこと、それこそが日本のウェルビーイングなのではないか、と。

〝元気〟は私たち全員の中にあります。

13

「100歳の元気な人」が自分の周りにたくさんいるようになったら、きっと100歳まで生きたくなる

オレンジページの調査で、「あなたは100歳まで生きたいですか？」という質問に、65・3％の人が「生きたくない」と回答[*1]しました。この結果に対して石川さんにどう思うかと問うと、反対に石川さんから質問攻めにあったのです。「それはなぜなんでしょう、たとえば60歳まで生きたいですか？　60までなら大丈夫、と思いますよね？　なぜ、そう思えるのでしょう？」と。ここまでなぜ？　と考えたことなかったな……。

石川さんは言います。「たぶん、見たことがないだけなんですよ。100歳以上で元気な人を。単純に人は見たことないものは怖いですよね。言うなれば〝月に行きたいですか？〟という質問に近いんだと思います」と。

私たちが100歳まで生きたいと思えないのは、「100歳で元気な人を見たことがない」からだったのか！

毎年9月に厚生労働省から発表される、住民基本台帳に基づく100歳以上の高齢者の数は、2022年9月で9万526人（前年比＋4016人）です。老人福祉法が制定された1963年は153人でしたが、2012年に5万人を超えました[*2]。

今後元気な100歳が自分の周りに多くなれば、「100歳まで生きるのもいいな」と思う人は増えるのでしょう。もちろん、そのときこの国に「寿命100歳用のインフラ」が整っていることも大事ですが。

＊1 オレンジページ「くらし予報」アンケート　2021年9月調べ　n=1439
＊2 厚生労働省「1R4百歳プレスリリース」（2022年9月16日）

14

辛《つら》いことを乗り越え、さらに過去の自分にとらわれない人はウェルビーイングを実感しやすい

石川さんのウェルビーイング研究の手法のひとつは「ごくシンプルなもの」だそう。

一般の人の気持ちや感情に近い言葉で「5年後は今より元気になっていると思いますか?」など、非常に単純な質問をする。すると、同じくらいの年収・仕事内容の人でも「はい!　元気だと思う」と言う人と「元気じゃないと思う」と言う人が出てくる。

ウェルビーイング研究とは、この違いは何かを考えることでもあるそうです。

外から見たら似たような環境と収入なのに、なぜ人によって満足している人とそうでない人がいるのか？　いろいろな要因があると言いますが、ひとつには〝何かを乗り越えた経験があるかないか〟が影響するのだそう。過去にブラック企業などで大変な思いをした人や、辛《つら》い人間関係にあった人は、「あのころに比べれば今はいい」と考えることができ、今後何かあっても自分はまた乗り越えられると思うのではないか。

さらに石川さんが満足度の高い人たちの例で挙げたのが「歳をとってから新しいチャレンジをした人」。仕事だけでなく親として子育てをがんばった、なども含め、それまでの業績や、一生懸命やったことなどにとらわれずに、新しい自分の顔を新しい関係のなかで作っていこうとした人。「それがうまくいった人はキラキラしているんですよ」と石川さんは言います。過去の自分への執着は捨て、さまざまな場所で違う自分を発見しながら生きる。しかも50歳を過ぎたら、なるべく早くそうしたほうがいいらしいですよ。

15 職場の同僚とも〝仕事以外の何か〟をするのがとても大切

石川さんの著書『フルライフ』*のなかに〝well-doing〟と〝well-being〟について書かれた章があります。

「〝well-doing〟ははっきりとした目的を果たすため、主に仕事や会議などを〝する〟時間、〝well-being〟は特に目的はなく、遊んだり雑談したりしてだれかとただ〝いる〟時間。100年続く人生の戦略を立てるためには、この二つのバランスをうまくとって、長い人生の重心をとらえることが必要」。ともするとdoingのためにbeingが犠牲になりがちですが、そうなるとdoingもうまくいかなくなる。「職場でも、ともに働く人がどんな人かを知るには、仕事以外に一緒になにかをすることが大事」と。

石川さんが、ある若者から聞いたエピソードとして、こんなお話をしてくれました。彼はコロナ禍のなかで入社し、すぐに在宅勤務となったので、上司と実際に会って話す機会がなく、オンラインで業務の連絡などをするだけ。それがあるとき、ついに出社して上司とランチに行き、初めてプライベートについて話しました。高校時代の思い出や部活のことなど、たわいのない会話でしたが、その後、彼は仕事へのやる気がぐんと上がったそうです。そして石川さんに「僕はこういう人と仕事をしているんだ。そう思ったら、何か解像度が上がったみたいで……不思議ですよね」と笑ったそうです。

〝いる〟ことがうまくできると一緒に〝する〟ことにも成果が生まれるのですね。

*『フルライフ　今日の仕事と10年先の目標と１００年の人生をつなぐ時間戦略』２０２０年（News Picksパブリッシング）

16 隣にいる人に興味を持つ、話を聴く。それだけでお互いが気分よくいられる

石川さんに「仕事で隣にいる人について30分話せますか？　何十年も一緒に仕事している人ですよ」と言われて、実はとても動揺しました。そう言われれば、話せないかもしれない。

昨今は、「やるべきことをやってくれさえすれば、その人がどんな人かなんて興味もないし」と、〝する〟ことだけに重心が置かれている気がしませんか？　一緒に仕事を

している人もそうですが、ご近所さんや、近隣のコミュニティにいる人、マンションの隣の住民がどんな人か知らなくてもいいと思っていませんか？

石川さんは「そういう状況もあって、たぶんウェルビーイングっていうことが問われているんじゃないでしょうか」と言います。

私たちが、学校や会社など、いろいろなコミュニティで「ここは私の居場所だ」と思えるときは、突き詰めれば「私に人間として興味を持ってくれている」と感じたとき。

ウェルビーイング研究には、人は居場所が多いほうがいいという結果もあります。いろいろな人が集まる場所で、お互いに気にかけ合うようになれば、そこがそれぞれにとっての〝居場所〟になる。

インタビューの終盤、「あえて言えば、ウェルビーイングとは〝一緒にいて相手に興味を持つ〟というようなことだと思うんです」と石川さんが言った言葉は、配信を視聴していたユーザーから大きな反響がありました。

17 人間は弱いもの

「人間は弱いもの」。これは、「石川家の家訓ともいうべき言葉」だそうです。

石川さんの祖父母は広島で被爆し、奇跡的に助かったことで〝生かされている〟という気持ちが強く、「ご奉仕しなさい」とよく言っていたそうです。お二人は地域社会のなかで、犯罪や非行で保護観察を受けている人の更生を手助けする保護司のボランティアもされていました。一方、お父さまは、広島の離島で医師として僻地医療に携わっていました。さまざまな患者と親身に向きあって話を聞き、やがてその経験から「人間の健康ってなんだろう?」というテーマを持った。そしてハーバード大学に留学し、ウェルネスを研究したそうです。祖父母、そしてご両親の経験や教えは、石川善樹というウェルビーイングの代表的研究者の誕生に無関係ではないと思います。

インタビューを聞いていたユーザーから、「人に興味があり、その人の話をよく聴く」という石川さんの、〝人の話の聴き方〟についての質問が寄せられました。

石川さんは、その人が何をしている人かは聞かない。その人が、どういうことにとらわれているか、どういうトラウマがあるかなどを丁寧に聴き出し、〝その人の弱さの核心に触れる〟。すると、相手は石川さんの質問に答えていくうち、それまで話さなかったことも話すようになり、「ああ、すっきりした!」と言う人も少なくないそう。

もちろん、石川さんは悩みの相談にのっているわけではありません。あくまで研究者として聴いているのですが、人は心の底では自分の弱さをだれかに話したいのかもしれないなと感じました。

経営者・アーティスト

遠山正道

MASAMICHI TOYAMA

1962年、東京都生まれ。85年、三菱商事株式会社入社。2000年、株式会社スマイルズを設立し「Soup Stock Tokyo」などを展開。自らを「新種の老人」と称しYouTubeチャンネルで動画を配信するほか、アート活動も行う。

2022.1.14 Interview

「社会的私欲」について

遠山正道さんは、「Soup Stock Tokyo」を展開する株式会社スマイルズの設立者。それも、三菱商事の社員だった時にこのスープ店のアイディアを思いつき、社内ベンチャーとしてスタートさせました。その後も遠山さんは、たぐいまれなるビジネスセンスと求心力で、「こういうのがほしかった」と思わせるモノやサービスを作り続けています。その遠山さんに聞く、おもしろくて、すごいととのえ方。

18

〝自分〟を起点にやりたいこと、好きなことを表に出す、掘り下げる。それが新しい発想になる

「社会的私欲」とは、言葉を生み出す天性のクリエイター、遠山正道さんの造語です。

〝私欲〟という言葉は、ふつうはあまりいい意味には受け取れませんよね？　ところが、この言葉に〝社会的〟がついたことで、意味合いは大きく変わります。

「和をもって貴《とうと》しとなす」がしみついている日本人は、自分という〝個〟を後ろに追いやりがちです。遠山さんはそれを「１００メートル走では勝てないけどリレーでは勝

てる、みたいな」と表現しましたが、そんな日本人に、あえて〝自分〟を軸にして考えてみよう、もっと個人の発想や体験を表に出していけばいいと提言したのです。

たとえて言えば、近所で「みんなで道路の掃除をしましょう」という回覧板が回ったとする。その時、面倒だなあと思う人が大半だとしたら、道路はあまりきれいになりません。でも、だれかが「そうだ、自分の家の前の道をきれいにしよう！」と掃除を始めて、そのうち花なんかも植えてみたりしたら、みんなも「あ、いいねえ。うちの前もきれいにしよう」と思い、道路はすっかりきれいになる。〝個〟から始めてみたら、そういうことが起こるかもしれません。

自分がやりたいことをどんどん掘っていき、それがある日「バン！」と世の中に通じる。そんなふうに、ビジネスも、アートのように自分起点で始めたことが社会で評価されるといいんじゃないか。それが「社会的私欲」なのです。

19 「１００歳がいちばんチャーミングだね」くらい軽やかに

遠山さんが還暦を迎えたのは、２０２２年１月。年賀状に「１００歳まで仕事をして、１０５歳で死ぬ」というプランを書いたそうです。そのプランでいくと、23歳の時に社会人になった遠山さんにとって、２０２３年はちょうど仕事人生の半分。

遠山さんはこれからはますます個人の発想が重要視される「個の時代」になるだろうと感じているので、今までも経営とともに力を入れていたアート活動に、さらに注力していこうと思っているそうです。

自分の「好き」を詰め込んで、誰かに見せる。それが社会的に評価されて心もお金も満たされるというのが、遠山さんの考える〝ウェルビーイング〟な暮らし方。それを獲得できないかという実験は始まったばかりです。

「人間は、歳をとってから減価償却しちゃうか、よりよく重なっていくかの2種類に分けられる」と遠山さんは言います。

サラリーマンや組織で働く人は、歳をとるとやがて現役を引退する仕組みになっているけれど、すし職人やアーティストは歳を重ねてますますよくなっていく印象がある。サラリーマンでも定年が近くなったら、そのまま引退するのではなく「歳をとってますますいい感じ」になる道を探すといいのではないか、と。

遠山さんは「100歳までがんばる！」と鼻息荒く宣言するのではなく、「100歳がいちばんチャーミングだね」と言われるくらいの軽やかさでいきたいと思っているそうです。

20 仕事を100倍楽しくするのは「頼まれてもいない仕事」

全国で60店舗以上を展開（2023年6月現在）する「食べるスープの専門店　Soup Stock Tokyo」は、遠山さんが35歳だった1997年、三菱商事から出向していたケンタッキー・フライド・チキンで書いた企画書から始まりました。それは、だれかに命じられたわけではない〝頼まれてもいない仕事〟でした。

実はその企画書の前に、もうひとつ遠山さんは〝頼まれてもいないこと〟をしています。入社して7年目の1991年、電子メールというものの存在を知って「きっと世の中が変わる」と直感、当時まだ一人に一台はなかったパソコンを全員に支給するべきだと思い「電子メールのある一日」という物語を書いて社内に配ったところ、それが当時の社長にまで届いて、評価されました。

「それは、私にとっての成功体験だった」という遠山さんは、ケンタッキー・フライド・チキン在職中に得たイメージ「女性がスープをすすってほっとするシーン」を「スープのある一日」という物語形式の企画書に3か月かけてまとめ上げました。

だれに頼まれたわけでもない仕事だから、だれのせいにもできません。頼まれてもいない仕事の主語は常に自分で、それを一生懸命やれば賛同する仲間が増え、広がっていき、やがて完成する。何より〝自分の発意〟で始めたことが評価されると、とても大きなエネルギーになる。遠山さんが代表を務める株式会社スマイルズには、ずっと、自発的に〝頼まれてもいない仕事〟をする企業風土が残っているそうです。

21

〝老人〟という言葉は使われなくなり、もっと活躍しなくてはいけない母集団になる

２０２２年９月の総務省統計局の発表によると、日本の総人口に対する65歳以上の高齢者の割合は29・1％。過去最高[*1]で、今後もこの割合は増えると予想されています[*2]。さらに歳をとっても活躍する現役の高齢者も増える。遠山さんは「老人」に対する従来のイメージと実態が乖離《かいり》していくのではないかと言いますが、それは正しいと思わざるを得ません。そこで遠山さんが繰り出したのが「新種の老人」という言葉。

遠山さんは今の社会において「新種の老人がポジティブな属性のひとつになればいい」と言います。たとえば将来、eスポーツなどの競技会があったときにも「〝新種の老人〟にも出てもらおうか」という具合に、かつての〝団塊の世代〟みたいな使われ方をすればいいな、と。

この「新種の老人」という言葉を世の中に放り投げておくと、遠山さんのことを知らない人も「私は新種の老人だから」とこの言葉を通行手形のように使って、いろいろな分野や場所で〝新しい老人像〟を拡《ひろ》げていくようになるのかもしれません。

「新種の老人」第1号の遠山さんは、2022年1月『新種の老人 とーやまの思考と暮らし』[*3]という本を、自身の60歳の誕生日に刊行、同年に自ら撮影・編集・音楽も担当する「新種の老人-遠山正道」という動画配信を始め「とおい山株式会社」も設立しました。今後、さまざまな人が「新種の老人」の世界と価値を拡げるといいな、と思います。

*1 総務省統計局　2022年9月15日
*2 国立社会保障・人口問題研究所「日本の将来推計人口」（平成29年推計）
*3『新種の老人 とーやまの思考と暮らし』2022年（産業編集センター）

22 やりたければ、未経験でも「〇〇だってことにして」始めてみる

遠山さんは、まだ三菱商事に勤務していた1995年、「このままサラリーマンで終わっていいのか、何かやらなきゃ」という気持ちが強くなり、人生初の絵の個展を開きました。ところが遠山さん、個展を開くと決めてから「あ、絵って描いたことないな」と気づいた！　だから「自分はアーティストだってことにして」絵を描いて、個展を開きました。結果、個展は大成功。「自分の発意でしたことが評価されるって、こんなにうれ

しいんだ！」と思った遠山さんは、そのうれしさを仕事でも味わいたいと思ったそう。2022年の遠山さんの年賀状には「だってことにする課」として、〝やったこともないけれど、そうにしかできないこと〟について書かれています。

「自分をアーティストだってことにして個展を開き、1999年、スープで共感を得られるってことにしてSoup Stock Tokyoを始め、2000年に社長もできるってことにしてスマイルズができた。（中略）これからはパーパス経営が流行る中、ノーミッションと言い切ることにして。だから仕事もアートも自分自身も一緒くたに益々忙しくて楽しい、ってことにしている今年です」と。

「だってことにする」は、過去の話ではなく未来の話。自分がどうしてもやりたいことがあったら、この前提の置き方は、まず自分を動かし、周りも変えていく気がしませんか？　ただし、年賀状の最後には「PS.ただしこの呪文、前向きなものにしか効きませんので、念為。」とあります。

文筆家

甲斐みのり

MINORI KAI

1976年、静岡県生まれ。大阪芸術大学文芸学科卒。旅、お菓子、地元パン、手みやげ、クラシックホテル、雑貨などをテーマに、多くのメディアで執筆している。『お菓子の包み紙』（グラフィック社）、『歩いて、食べる東京のおいしい名建築さんぽ』（エクスナレッジ）など著書多数。

2022.2.3 Interview

「加点法的思考法」について

甲斐みのりさんは、お菓子の包み紙や
クラシックホテルにときめく気持ちなど、
「乙女の偏愛の歓び」に市民権を与えた人だと思います。
「なんでそんなものが好きなの？」
と言われそうなことやモノでも、
甲斐さんが「好き」と言ったとたん、
価値がぐんと上がる。〝好き〟の見つけ方には、
「楽しく前向きに生きるヒント」がたくさん。
甲斐さんからもらった自分のととのえ方です。

23

「自分はいかに何も知らないか」を知ることは自分を動かす力になる

「子どもの時から〝ときめき体質〟でした」。そう語る甲斐みのりさんは、物心つくころからかわいいお菓子の包み紙などが好きだったそう。お店の看板でも、建物でも、パンでも、「ふとした瞬間に目が合って恋に落ちる感覚」があるのだそうです。

〝推し〟のアイドルみたいに、まずはルックスが入口となり、やがてその人格や生い立ち、心まで深く知りたくなる。近づいて触れてみたい、背景にある物語も知りたい、写真も撮りたいと、さまざまな欲求が湧く。だから、甲斐さんは徹底的に調べます。

著書『お菓子の包み紙』*では、長年かけてコレクションしたお菓子の包み紙が店別、作家別などに分類して紹介されていて「お菓子の包み紙からこんなに豊かな情報量が！」と驚き、わくわくしてしまいます。

そんな甲斐さんを突き動かす原動力は「自分がいかに知らないか」を知ることなのだと言います。「人生、知らないことがまだまだたくさんある」と感じることがすごくうれしいのだそう。ちょっと気になったことでも、調べていくと、芋づる式に関連情報に当たって知るうれしさや愉《たの》しさを味わえる。その感覚がくせになり、「もっともっと」と知りたくなる。

「自分は何も知らない」と気づくから「知りたい」と思う、これは自分を幸せにするために大事なことだと思います。

*『お菓子の包み紙』2017年（グラフィック社）

24 「〇〇したら私はだいじょうぶ」というジンクスを作って自分を救う

「将来は文章を書く仕事に就きたい」、そう思った甲斐みのりさんは、大阪芸術大学の文芸学科に進学しました。ところが3年生のころ、ふと将来への不安が芽生えたのです。自分は何をしているのか、自分は何者でもないのではないか。そんなふうに甲斐さんは焦り、不安になり、ついには引きこもり状態になってしまったそう。

なんとかしなくては、ともがくなかで見つけたのが、スケッチブック。「私は絵が描

けないから、文字や言葉を書こう」と考えました。何を書くか考えるうえでヒントになったのは、小さいころに見たアニメ「愛少女ポリアンナ物語」＊です。主人公である、両親を亡くした少女・ポリアンナが、一日の終わりに「よかった探し」をするように、甲斐さんは「私は〝好きなもの探し〟をしよう」と思い立ちます。そして、「スケッチブック一冊を自分の好きなものを言葉にして埋められたら、きっと私はよくなる」と、ジンクスのようなものを作ったのです。

最初は部屋の中で〝好きなもの探し〟を始めましたが、1ページしか埋まりません。じゃあ駅まで行ってみるかと商店街を歩いたら、「かわいい看板！」「今のお婆さんの服、素敵」とたくさん見つかった。ついには電車に乗ってほかの街にも出かけるようになりました。やがてスケッチブックが好きなもので埋まったときには、甲斐さんの「引きこもりで、うつのような」状態はすっかり良くなっていたそうです。

＊「愛少女ポリアンナ物語」：日本アニメーション制作のテレビアニメ。1986年1月5日から12月28日まで、全51話が放送された

25

「私を満足させてみて！」という受け身の姿勢をやめるとおもしろいことは見つかる

甲斐さんは自身の仕事を「自分の好きなものを公開する仕事」ととらえています。今は大学生のころの〝好きなもの探し〟を進化させ、好きなものをスマホのメモに記録しているそう。

それらを文章にして公開するうえで決めているのは、マイナスを語らないこと。「なんとなく毎日が退屈だという人には、ぜひ自分の好きなものを見つけて記録してみてほしい」という甲斐さんが実践する、〝加点法的思考法の訓練〟があります。

それは、買いたい本をネットで検索し、低評価のレビューばかりをどんどん読むこと。最初は気持ちがどんよりと暗くなりますが、それらの評価がいかに減点法で書かれているかに気づき、「自分はこの思考法ではいけないぞ」と思えるのだと言います。

他人や環境やさまざまな物事が「いかに自分を満足させてくれなかったか」を考えたり、語ったりするのではなく、自ら好きなところやおもしろみをつかみにいかないと楽しくならない。〝さあ、私を満足させてみて！〟と、常に受け身でいては加点法的なものの見方は身につかないのではないでしょうか？

「もちろん、いろいろなお店で、いいと思えなかったり、不機嫌な店主に出会ったりするのですが、それを〝おもしろい〟に変換してだれかに話したいんです」という甲斐さん。ただし、加点法をもってしても「これはおもしろくも語れないな」というコトやモノや場所に出会ったときは、潔く次にいくことにしているそうです。

26 友達は少しでいいし、辛い人間関係は続けなくていい

甲斐さんは中高校生のころフリッパーズ・ギター*が好きでしたが、同級生にはなんとなく言いにくく、それを隠していたそうです。でも、大学生になってわかったのは、自分のような人はけっこういるということ。お互いの好きな、別々のミュージシャンのライブに行き「好きなものがある人と一緒にいるって楽しい！」と気づき、「濃くつきあえる人が数人いれば、友達は100人いらないな」と思ったそう。

時がたって大人になると、自分が仲良くなりやすいのは、物事への対処の仕方で「それはないな」と感じる部分が共通する人だと気づきました。たとえば、人に「ありがとう」が言えない、お店で店員さんに横柄な態度をとるといったこと。その感覚さえ同じなら、あとは好きなものが違っても、お互いに認め合って楽しく一緒にいられると。

そして、さらに人間関係について考える大きなきっかけになったのがコロナでした。20〜30代くらいまで、自分の〝好き〟を仕事にする途上でがんばってきた甲斐さんは、さまざまな人間関係で傷つくことも多かったそう。でも、コロナ禍で簡単に人に会えなくなったら、〝人間関係での必要、不必要〟がはっきりしたと言います。それは「不必要な関係を維持しようと無理はしなくていいんだ」という、いい意味での諦めにもつながり、同時にそれは、自分を楽にしてくれた気づきだったそうです。

無理して続ける必要もない関係も、実は多いのかもしれません。

＊フリッパーズ・ギター（The Flipper's Guitar）：略称は「パーフリ」「フリッパーズ」。「恋とマシンガン」などのヒット曲がある。１９９１年解散。

27

「おもしろいことは自分で見つける」姿勢が、人生を豊かにする

甲斐さんが若いころからよく読んできたのが、植草甚一[*1]や池波正太郎[*2]の、自分の好きな店や散歩のコースなどについて書かれたエッセイです。彼らが行った場所を聖地巡礼のように訪れて、さらに新しいときめきに出会うのがとても楽しいのだそう。甲斐さんには旅に関する著作もたくさんあります。

「暮らすように旅する」という甲斐さんは、コロナ禍で「旅ができなくなって気づいた

のですが、住んでいる街のスーパーがどこもすごく楽しくて、パラダイスになったんです」と楽しそうに答えてくれました。

スーパーに売っている食材や調味料の産地を見ると、日本全国の住所が書いてある。「どこからやってきて、何が使われていて、どんな人が作ったんだろう⁉」と、のめり込んでいったのです。「好きなものを買うのは敬意を払うこと」と考えている甲斐さんは手当たり次第に食材を買い、それまではどちらかというと義務のように感じていた料理が楽しくなり、自宅にいる時間も前より楽しめるようになったそう。さらに甲斐さんは、産地の住所を地図アプリにどんどんマーク。「まだこんなに行くべき場所があると思うと、すごく幸せ」なのだそう。どんなときでも自分を楽しませる〝甲斐みのり眼鏡〟は、だれでも真似して使える幸せの眼鏡だと思います。

＊1 植草甚一（うえくさ・じんいち）：1908-1979年。欧米文学、ジャズ、映画などの評論家。1970年のエッセイ『ぼくは散歩と雑学が好き』（晶文社）でサブカルチャーというジャンルを多くの若者に普及させた

＊2 池波正太郎（いけなみ・しょうたろう）1923-1990年。小説家。『鬼平犯科帳』『剣客商売』などの時代小説のほか、『散歩のとき何か食べたくなって』（新潮文庫）などのエッセイでも、多くのファンを魅了する

28

人の評価を気にせず、自分の好きなものを楽しめば、それが自分のスタイルになる

インタビュー配信の視聴者からの「自分はセンスがないので〝好き〟に自信が持てない」という声に対して、甲斐さんは「自分の好きなものに自信がないということは、人の目を意識しているということ。でも、いつか恥ずかしくなくなるポイントが来ます」と答えてくれました。

甲斐さんも、中学生のころ、自分のセンスを恥ずかしく思っていた時期もあったそ

う。そんなときに惹かれ、憧れたのが雑誌『Olive（オリーブ）』の世界。ファッションはもちろん、紹介されていた本を読み、映画を見、さまざまな価値観や視点に触れたら、好きなものを人に伝えるのがだんだん恥ずかしくなくなってきたのです。

さらに甲斐さんは「告白しちゃいますけど」と前置きし、中学生のころ「人生のすべてで大江千里*さんが好きだった」と話しました。歌詞を書き写して下敷きに挟んだり、学校を早退して新曲のCDを買いに行ったりした自分の過去にどこか恥ずかしさを感じていましたが、ある日気づいたのです。「それって、大江千里さんに申し訳ないし、よくない。恥ずかしいって言ったらいけない」と。

好きなものがあれば、いつでも自分の機嫌を自分でとることができます。「恥ずかしがっていることが恥ずかしくなってくるから大丈夫」と、甲斐さんははっきりと言ってくれました。

*大江千里（おおえ・せんり）：1960年生まれ。シンガーソングライター、ミュージシャン、ジャズピアニスト、俳優。「夏の決心」「格好悪いふられ方」など、ヒット曲多数

放送作家

小山薫堂

KUNDO KOYAMA

1964年、熊本県天草市生まれ。「料理の鉄人」など斬新なテレビ番組を企画。映画『おくりびと』の脚本で、第32回日本アカデミー賞最優秀脚本賞、第81回米アカデミー賞外国語映画賞を受賞。2025年大阪・関西万博ではテーマ事業プロデューサーを務める。一般社団法人湯道文化振興会を創設。

2022.3.14 Interview

「人を喜ばせること」について

枚挙にいとまがない活躍ぶりで、
手がけたものすべてがおもしろい小山薫堂さん。
自身の会社「N35インターナショナル」のWEBサイトには
「企画を考えるときに自分に問いかけるのはこの3つ。
〝それは新しいか？〟〝それはだれを幸せにするか？〟
〝それは自分にとって楽しいか？〟」とあり、
これらは、小山さんのモットーでもあります。
くまモンの生みの親でもある小山さんの、
〝やさしい勇気〟の出るととのえ方。

29 与える喜びは、与えられる喜びより長続きする

「僕の企画の原点は、バースデープレゼント。何をあげたら喜ぶかな、と一生懸命相手のことを考える、その気持ちです」という小山薫堂さんは子どものとき、自分の誕生会を企画・構成するのが大好きだったそう。手作りの台本には、プレゼント贈呈式のくだりもしっかり入れて、プレゼントをもらう喜びを存分に味わったと言います。

そんな薫堂さんが大人になった今思うのは、「与えられた人より、与えた人の喜びの

ほうが長続きする」ということ。そう考えるきっかけになったのは、２０１９年ごろ、薫堂さんが青森県弘前市を訪れた際、地元で愛される古いワインバーに入ったときのことでした。その店では店主のおじいさんが一人、客の相手をしながら料理を作っていました。薫堂さんは東京の有名店で修業したというその店主といろいろなことを話し、ワインとナポリタンを注文。どれもおいしくて、しかも安い。薫堂さんは思わず「おとうさん、こんな商売してても、儲からないでしょ」と聞くと、「儲からないよ、そりゃ。でもちょっとずつ金貯めてんだよ、俺」と店主。「なんで貯めてるんですか？」と薫堂さんが重ねて聞くと、「孫にあげるんだよ。孫は喜ぶんだけど、そのことすぐに忘れちゃうの。でもね、俺はあげたうれしさをずーっと覚えてるんだよ」。

薫堂さんはその言葉に感動して「これだ‼」と思いました。「与えられた人より、与えた人の喜びのほうが長続きする」と確信したのです。

30 平和のためにできること、それは「祈る」こと

ロシアによるウクライナ侵攻は、薫堂さんにインタビューをした前月、2022年2月から始まりました。薫堂さんは、今回のような戦争や大きな災害が起きるたびに「自分は〝企画で人を幸せにする〟と言いながら何もできないじゃないか」と無力さを感じるそう。だからこそ、世界平和のためになるような企画ができないか、いつも考えていると言います。

最近、薫堂さんのラジオ番組にゲスト出演したお坊さんに「何か我々にできることはないですかね?」と聞いたところ、そのお坊さんは「祈るしかないんです」と答えたそうです。じゃあ何もしないってことなのか? と、その後もしばらく考え続けた薫堂さんですが、考えれば考えるほど、制裁という形にしろ、その逆のことをするにしろ、戦争に第三者が関わることでいい結果を生む方法が見つかりませんでした。

薫堂さんは思ったのです。どんなにきれいごとを言っても、自分たちなりの正義に従って侵攻する人はいて、彼らを悪として加勢すれば、また新たに火の粉が上がり、関係のない人たちが命を失う。だから祈るという行為で、肉体的・物質的には関わらないけれど、精神的に心を寄せる。それが、無責任なようだけれども賢いやり方なのかもしれないと。自分は無力だと思っても「祈る」ことはできます。多くの人の祈りがいつか大きなムーブメントになるかもしれません。

31

自分の中に神様がいる。それを「自分教」と呼んで頼ればいい

2022年に実施された内閣府の調査*で、「日頃の生活で悩みや不安を感じている」と答えた人は全体で78%。女性だけで見ると81・3%、18歳から29歳までの若者も73・4%が不安を感じていると回答しています。悩みや不安の内容は主に将来の健康と収入、資産について。そのほかにも進学や結婚、勤務先での仕事や人間関係と答えた人が多くいます。

こんな時代に薫堂さんがふとひらめいたのが「自分教」。

神様にすがるのではなく、すがるものが自分の中にあるといいなと思ったそう。どこかにいる神様じゃなくて、自分の中にもう一人の自分がいることにして、それに対峙して聞いてみる。「これはやっていいか？　いけないいか？」と問う。ときに「しょうがないよ、それは」と答えてくれる。

人生はよくマラソンにたとえられるけれど、マラソンは長いし辛《つら》い、途中で歩きたくなったり、止まりたくなったり、ときには棄権したくなったりする。そんなときに自分教の神様に聞いて、「棄権していいんだよ」と言ってくれたら「あ、負けてもいいんだ、これでいいんだ」って思えるときもあるだろうと、薫堂さんは考えます。身勝手な自分をもゆる〜く認めながら、自分教の軸足を少しずつより良い方向にもっていけばいいのでは、と。

＊内閣府「国民生活に関する世論調査（令和4年10月調査）」

32

今、求められるのは〝負のこと〟も〝いいこと〟としてとらえる力

「イクボス」という言葉を聞いたことのある方は多いと思います。「イクボス」の〝イク〟は育児の〝育〟で〝ボス〟は上司の意味。２０１４年に発足した「イクボスプロジェクト」は「企業や自治体といった組織において、従業員が業務と子育てを両立できる環境を提供する取り組み」。運営はＮＰＯ法人のファザーリング・ジャパン、厚生労働省も積極的に関与し、全国にそのネットワークを広げています。

熊本県出身の薫堂さんは、くまモンの生みの親としても有名です。ある日、熊本県庁の担当者が「熊本ではどうやってイクボスを広めたらよいでしょうか」と相談に来ました。薫堂さんはそれに答えて「熊本県はそれを〝よかボス〟と呼ぶことにしよう！」と提案し、くまモンをリーダーに据えました。すると、県内の多くの自治体や企業が賛同し、さらに、県知事や市長もこぞって「よかボス宣言」をしたそう。

「よかボス」の「よか」は「よかよか」、熊本弁です。「それいいね！」と言うときにも「よかよか」、失敗してしゅんとしている子どもに「気にせんでよかよか」と、いろいろな場面で使います。「よかボス」は「いいボス」であり、部下をほめるときも「よかよか」、多少の失敗をしても「よかよか」と言うのです。

今、個人にも社会全体にも必要なのは「〝負〟を〝いいこと〟ととらえる力」だと考える薫堂さん。確かに「よかよか」という言葉には、その包容力があると感じます。

33

いいことも悪いことも、それを運命として受け入れる

2021年、薫堂さんがプロデューサーを務めた映画『のさりの島』[*1]が公開されました。オレオレ詐欺をしている若者がたどり着いた熊本県天草市で出会った老婆に、「俺だよ、孫だよ」とうそをついて始めた二人の共同生活。老婆はうそと知りつつ若者と暮らす。その理不尽さをすべて受け入れるのが、この天草地方に残る方言で、映画の題名でもある「のさり」という言葉です。いいことも悪いこともすべて運命として受け

入れる言葉。薫堂さんは「キリスト教の弾圧や島原の乱など、歴史の荒波を経験してきた天草だからこそ、生まれた言葉だと思う」と言います。

たとえば、薫堂さんが会った天草市役所の職員は「ランチ定食を注文したら、急なキャンセルが出たとかで、注文もしていない鯵の塩焼きがついてきたんで、のさったとですよ」と薫堂さんに報告したそう。偶然のラッキーな出来事ではありますが「注文してないよ!」ではなく、ゆるゆるとそのことを受け入れた。かと思えば、この言葉は交通事故に遭ったようなときでも使われるのだそう。とにかく、受け入れる言葉なのです。

そして、小池陽人さん[*2]から薫堂さんが聞いたのが「苦しみ=痛み×抵抗」という言葉。苦しみに抗《あらが》えばその痛みは増す。苦しさには抗わず、受け入れればよい。これも「よかよか」と同じ、〝負〟との向き合い方だな、と薫堂さんは思ったそうです。

＊1『のさりの島』:小山薫堂さんが副学長を務める京都芸術大学映画学科の学生とプロが協働するプロジェクト「北白川派」製作。2020年秋の公開予定だったがコロナにより1年延期された

＊2 小池陽人(こいけ・ようにん):大本山須磨寺副住職。著書に『しんどい心の処方箋』(柏書房)がある

34
考え方や向き合い方を変えると、普通のことの中に価値あるものが見つかる

薫堂さんが2006年に作った会社「オレンジ・アンド・パートナーズ」で引き受けた最初の大きな仕事は、2007年の首都高速道路の交通安全キャンペーンでした。当時の首都高速道路では、スピードの出し過ぎではなく、料金所などで車同士が譲り合わずに事故になるケースが多かったそう。薫堂さんは考えに考え「やさしい気持ちで運転しましょう」と、〝運転手の心〟に訴えかけるキャンペーンを企画しました。

実は薫堂さんは、「ものすごいスピードマニア」でした。渋滞ではイライラして、車線変更を繰り返すタイプだったそう。でも「やさしい運転」キャンペーンの発起人になったことをきっかけに、いつの間にかイライラしなくなっていたのです。キャンペーンは成功し、自らもやさしい運転ができるようになった。薫堂さんはここから「少しだけ向き合い方を変えると、普通のことの中から価値が見つけられる」と気づいたそう。

「その時のことがヒントになった」と言う薫堂さんは、日本人にとってあたりまえの習慣である入浴を世界に誇るべき文化として突き詰める「湯道」[*1]を拓《ひら》き、初代家元になりました。その精神は多くの人の賛同を得、2023年2月には映画『湯道』[*2]が公開され、湯の文化に貢献する人をたたえる「湯道文化賞」が創設されました。〝向き合い方を変える〟は、発想のヒント。その根底にあるのはやはり、〝人を喜ばせる気持ち〟です。

＊1「湯道」：2015年に小山薫堂さんが拓き、初代家元となった。湯に浸かれることに感謝の念を抱き、他者を慮《おもんぱか》る心を培い、自己を磨く。この3つの精神を核とし、日本の入浴文化を世界に発信する

＊2『湯道』：2023年2月公開の映画。企画・脚本／小山薫堂、監督／鈴木雅之、出演／生田斗真、濱田岳

35

自分には夢がないからダメなんだ、なんて思わなくていい

小さいころ「あなたの夢は何？」と聞かれ、とっさに「子どもらしい夢を言わないといけないのかな」と思ったことがある人は案外多いのではないでしょうか。

いろいろな相談が寄せられるWEBサイトにも「私には特に夢などありません。夢を持たない人間はダメなのでしょうか」というたぐいの相談がよく見られます。

人には夢が必要だ！　という考えはいつ生まれたのでしょうか？

物事を、「なぜ?」「これ、どういうことだろう?」と考えることはとても大事、と言う薫堂さんは、漢字に関してもその成り立ちなどを調べることが多いそうです。

たとえば、〝人(にんべん)に夢〟と書いて〝儚《はかな》い〟。「夢には望みや希望という意味もあるのに、これはさびしいな、〝のぞみ〟と読みたいなあ」と感じたので調べてると、〝夢〟という漢字はもともと寝ているときに見る夢だけを指していたという。そこに目標や将来の希望のような概念が含まれるようになったのは、夢と希望の意味を併せ持つ英語のdreamが翻訳された明治時代以降らしいということもわかりました。

日本には、明治維新以降、西洋の文化を手本にして、生活様式や教育、考え方なども急速に変えていった歴史があり、〝夢〟のように英語の翻訳でそれまでとは異なる概念が加わった言葉もあります。時がたち、日本的(東洋的)ウェルビーイングを考えることが大切といわれる今、なんとなくしっくりこない「お仕着せ感」のある価値観を見直すのもいいことなのでは? 少なくとも「夢がない人はダメ」なんてことはない、そう薫堂さんは言います。

e Inc.

キャスター・ジャーナリスト

安藤優子

YUKO ANDO

1958年、千葉県生まれ。上智大学比較文化学部比較文化学科卒。2019年、上智大学大学院グローバル・スタディーズ・グローバル社会学博士号取得。学生時代から報道に携わり、1987年から30年以上にわたって報道番組でメインキャスターを務めた。

2022.5.6 Interview

「介護」について

安藤優子さんは長きにわたって報道番組のキャスターを務め、幅広い視聴者から人気を得てきました。

常に冷静な判断をし、ときに熱く意見を述べる安藤さんは、社会で活躍する女性の先駆けとなる存在。

そんな安藤さんは、テレビで見せる笑顔の裏で、長い間お母さまの介護に身も心も砕いていました。

安藤優子さんの、介護という〝人生の宿題〟に立ち向かっている人、これからの人、すべてが救われるととのえ方です。

36

自分のための時間は自分を解放する時間

介護は、人生100年時代の不安要素のひとつ。厚生労働省の調査*では、悩みやストレスがある人のうち、その原因が「家族の病気や介護」と答えた人の割合は女性で74・5%、男性で68・7%とたいへん高く、介護する人のメンタルケアも大きな課題になっています。しかもそれは、他人ごとではない、身近な問題として。

安藤優子さんのお母さまはとても社交的な、明るい方でした。でも、あるときから老

人性うつの症状が現れ、マンションの玄関先で転んだことがきっかけで、認知症の症状が次第に悪化。しかも、そんな矢先にお父さまにがんが見つかり、安藤さんは、毎日、夕方のニュースが終わるとお父さまの病院に行き、深夜0時に帰宅。土日はお母さまの介護に時間を費やしました。「もうボロボロでした」と、安藤さんはハードな日々を振り返ります。このままじゃダメだ！　と安藤さんは、早朝トレーニングを開始。とにかく、朝の時間だけは自分のために使おうと決めました。すると、「心に風が吹くように」気持ちがよく、自分を解放することができたそうです。

介護者に必要なことは、まず自分の時間を持つこと。そして、できればその時間には、運動するのがいいようです。軽い運動でも、精神の安定や安心感を得ることが期待でき、さらに脳を活性化させる脳内物質セロトニンが分泌されます。安藤さんが語ったこの自己解放の方法、多くの介護者に勧めたいと思いました。

＊厚生労働省「平成22年国民生活基礎調査の概況」〈同居の主な介護者の悩みやストレスの状況〉

37 介護は一人でがんばらない。必要なのは知識と戦略

お母さまがはっきり認知症と診断されたのは、安藤さんとお姉さまが、「自宅マンションの水道が壊れたから」とうそをついて施設に入居させてからでした。ところがお母さまは施設を完全に拒否。なぜこんな仕打ちをするんだと激昂し、脱走をもしてしまいました。

そんなお母さまを見ていたたまれなくなった安藤さんは、「うそまでついて施設に入

れたのは間違いだった」と思い始めます。お姉さまはそのころお姑さんと一緒に暮らしていたので、「じゃあ、私が母と一緒に暮らす！」と宣言した安藤さん。しかし、家に帰って元看護師のお手伝いさんにそう伝えたところ、厳しく叱られたと言います。

「一時的な感情でそう言うけれど、優子さんは人一倍忙しい。昼間は私がいるからいいけど、夜中はどうするんですか？　海外出張に行っている間はどうするんですか？　結局はお母さんを苦しめ、優子さんも苦しむことになる。一時の感情でそういうことを言うのはよくない！」と。

その言葉で冷静になった安藤さんは、自分には認知症の母との暮らしへの現実的な計画も戦略もなかったことに気づきました。そこからは「心を鬼にして」お母さまに施設に慣れてもらおうと決意し、さまざまな情報収集を始めたのです。

38

認知症は その人の本質までは奪わない

「私を育ててくれた、明るくて社交的な母はどこへ行ってしまったんだろう」。安藤さんは日々、自問自答し、長い間、重苦しい気持ちを抱えていました。そんなときに知ったのが「臨床美術」*。医療・美術・福祉の枠を超えたアプローチで、専門の臨床美術士が五感を刺激しながらその人の表現を引き出すアートセラピーです。

その日、ハワイアンキルトが飾られ、ハワイの音楽が流れる部屋で、お母さまは大きな美しいアンスリウムの花を描き終えました。すると、声を絞り出すようにして「よく、デ・キ・タ！」と言ったのです。赤と緑と黄色の鮮やかな色彩は、おおらかで明るい母そのもの。その絵を通じて、お母さまが「お母さん、どこに行っちゃったの？」と思っている安藤さんに「私はここにいるじゃない！」と言ってくれているようでした。

認知症とは、表現できないことが増えていくこと。どんどんできなくなっていく自分を否定し、それが怒りとなって表れていたお母さまと、「これは母じゃない」と否定していた安藤さん。絵を描いて、認知症になってから初めて自分を表現し、自分を肯定したお母さまは、びっくりするくらい穏やかになりました。

そして安藤さんが気づいたのは「認知症はその人の本質までは奪わない」ということ。そしてご自身も、長年にわたる哀しさ、もどかしさから解放されたそうです。

＊臨床美術：絵やオブジェなどの作品を楽しみながら作ることによって脳を活性化させ、高齢者の介護予防や認知症の予防・症状改善、働く人のストレス緩和、子どもの感性教育などに効果が期待できる芸術療法（アートセラピー）の一つ。（「日本臨床美術協会」ＨＰより）

39
ゴールのイメージをはっきりさせれば、ほしい情報は自然に入ってくる

安藤さんはキャスター、ジャーナリストであり、また社会学者でもあります。上智大学の学生だったころから放送の仕事に携わり、40年にわたって報道の現場に立ち会ってきた、情報の取捨選択と伝達のプロフェッショナルです。

そんな安藤さんに伺いたかったのが、人生で必要な情報の集め方、見分け方。今は、スマホひとつで膨大な情報を収集することができます。ただし病気や介護などの問題

にぶつかったときは、玉石混交の情報に不安をあおられることもあります。

安藤さんは、介護問題に直面した自身の経験を例に話してくださいました。

お母さまは施設に入り、対症療法として攻撃性を抑える薬を服用していましたが、それが合わなかった。常にうとうとして、咀嚼《そしゃく》もままならない母を見ながら、果たしてこれでよいのだろうかと疑問を持ち、その薬について徹底的に調べたそうです。服用をやめたら再び暴力的になることもある。そのときはこの施設にはいられないことも覚悟しなくては。

決め手になったのは、家族とも相談し、「母には最期まで母らしくいてほしい」と思ったこと。安藤さんは医師に相談し、お母さまに薬をのませるのをやめました。そうして迎えた最期の日は朝食もほとんど食べ、安らかに逝かれたそうです。

情報収集は「どうしたいか、どうありたいか」をなるべくはっきり持って進める。すると自然に必要な情報が入ってくる。これは、特に病気や介護など、情報に振り回されてしまいがちなときに覚えておきたい姿勢だと思います

40
〝忘れること〟にもっと寛容になれば、みんなが楽になる

超高齢化社会といわれる日本。65歳以上の認知症の人の数は、2012年は462万人でしたが、2025年には約650万～700万人になると予測されています。高齢者の約5人に1人、国民の約17人に1人が認知症になる計算で、この数字はしばらく増え続けるそうです＊。

安藤さんのお母さまが臨床美術によって自分を肯定することができ、安藤さんに「私

はここにいる」と示してくれたとき、安藤さんはこう思いました。「世の中って、もうちょっと〝忘れること〟に対して寛容になるべきなのでは？」。

母は大正時代に生まれて戦争も経験し、おしゃれをしたい年代にモンペをはいて暮らし、結婚し、夫に仕えて子どもを3人育て、お姑さんとの関係で苦労もしてきた。今は母が天からもらったギフトの時間。認知症になって、浮世のことを忘れてなにが悪いのだろう。自分の名前だって、今日が何月何日かだって、娘の名前だって、忘れたっていいじゃないか。そろそろ、社会の認知症に対するネガティブなイメージ、意識を変えるべきでは。認知症の人たちと生きていかなければならない世の中で、大切なのはまず寛容さではないか、そう安藤さんは考えます。そのほうがお互いが楽になると。

認知症との共生のキーワードは「患者の希望と尊厳の維持」。それが可能な社会や文化をつくり出すことが求められますが、まず必要なのがこの「寛容さ」ではないかと、安藤さんの言葉に気づかされました。

＊「日本における認知症の高齢者人口の将来推計に関する研究」2015年3月　二宮利治

41

介護は、だれにはばかることなく、第三者に頼り、公的サービスを使えばいい

介護という状況は突然始まることが多く、さらにはいつまで続くのかわかりません。介護を担うのは圧倒的に同居の家族、配偶者、子、子の配偶者。いずれであっても仕事を辞めざるを得ない「介護離職」に至るケースが多く、大きな社会問題になっています。

総務省の調査[*1]によると、日本において介護をしている人は約６２８万人。そのうち１・８％が介護離職していて、この数字は増えていくと考えられています。介護離職

の最大の問題は経済的なデメリット。介護する人が現役世代の場合、仕事を辞めると、退職金や将来の年金の受取額も大きく減ってしまいます。さらに大きいのが精神面の負担。介護のストレスを同僚に話すことで気持ちが楽になるものですが、それも失う。安藤さんも「介護離職は決していいことじゃない。自分しか介護の手がなくても、公的なサービスをだれにはばかることなく利用すべき」と言います。

厚生労働省が「介護離職ゼロ」を掲げて介護休業制度[*2]などの施策を行い、また、勤務制度の見直しをしたことで、介護する人が働きやすい環境を整える企業も増えています。

家族の介護に直面しても、まず〝仕事は辞めない〟ことを前提に、地域包括支援センターや、属している組織や会社に相談することが第一。自分を大事にしながら今と将来を見据え、「介護」という人生の宿題に予習から取り組みましょう。

＊1「平成29年就業構造基本調査結果」（総務省統計局）
＊2 介護休業制度：要介護状態の家族を介護している労働者が、雇用主に対して申請を行うことで、対象家族一人につき3回まで、最大通算93日の休業が取得できる

42 介護は、あらためて親を理解し、発見し、知ることのできる時間

実の親を介護する場合でも、介護する人のメンタルは本当に複雑だという話をよく聞きます。特に多いのが自己嫌悪。病気の親に対してついイライラして、きつい口調で叱ったり、世話を面倒だと思ってしまう自分を責める。「自分はなんて醜い心の持ち主なんだ」と。

私たちは親から生まれ、育てられます。親はいつも親でしかなく、母親や父親のこと

を一人の人間として早くから理解しようとする人は少ないのではないでしょうか。

それを理解しないまま親が介護状態になれば、年老いて、できないことが増え、幼児退行していく親と、それを受け入れられない自分へのいら立ちにさいなまれる。

安藤さんもなかなかポジティブにばかりは考えられなかったと言いますが、次第にお母さまと向き合うように気持ちが変化していったそう。

だれもがそうであるように、安藤さんも若いころは早く親元から飛び立ちたいと思い、家を出て長年にわたって仕事をしてきました。やがて時がたち、介護で親のもとに戻ると、「少しでも長く母のそばにいたい」と思う自分に気づく。安藤さんはそんな〝介護の不思議な時間〟を経験したと言います。

母の口に食べ物を運ぶ、母はこれを食べたいのか？　食べたくないのか？　いや、そもそもこれ好きなのか？　ああ、私は母のことは何も知らなかった……安藤さんは介護の最後の数年間を「よくよく母を理解しようとした時間」と振り返ります。

それは母、そして自分について考える時間でもあったのではないでしょうか。

経営者・元陸上競技選手

為末 大

DAI TAMESUE

1978年、広島県生まれ。男子400メートルハードルの日本記録保持者(2023年7月現在)。現在は執筆活動、身体に関わるプロジェクトを行う。主な著作に『走る哲学』『諦める力』など。45歳を迎えた2023年、アスリートとしての学びをまとめた『熟達論:人はいつまでも学び、成長できる』を刊行。

2022.7.8 Interview

「壁と身体と心」について

現役時代に「侍ハードラー」「走る哲学者」などと
呼ばれた為末大さんは、引退後の今、スポーツから得た
知見を活かして人間と社会の可能性を拓《ひら》こうとしています。
「スポーツとは身体と環境の間で遊ぶこと」と言う
為末さんの言葉はとても明快で、
まさに身体と心の関係を考え抜いた人ならではの
説得力に満ちていました。
一緒に考え、励ましてくれるコーチのような
為末大さんのととのえ方。

43

「壁」を乗り越えられなくても自分を責めない。発想を転換させる

為末大さんは23歳のとき、４００メートルハードル競技で47秒89という大記録を出したものの、すぐに〝壁〟を感じたと言います。さらに記録を縮めるためには5台めのハードルを20秒8で跳ばなければならなかったのに、なかなかできなかった。引退した今でも「20秒8」と聞くとドキッとする感覚があるそうです。スポーツの〝壁〟は、このように数字で表れますが、為末さんは人生における〝壁〟を「もっといいほうに行き

たいという、自分の心が作り出すもの」ととらえます。「人生や仕事の壁は乗り越えたほうがいいことも多いのだろうけれど、乗り越えられないパターンもあるじゃないですか」と前置きして、ある研究者に聞いた話をしてくれました。

100年生きた人だけを研究している、ある大学の先生によると、100歳以上の人たちは、100歳を越えて幸福を感じやすくなったのだそう。それは何故《なぜ》なのか？

その先生によると、それまでは、「歳をとってできなくなったこと」ばかりに意識が向き、不幸だと感じていたのが、100歳になると「100歳でもまだ歩ける」など、〝できること〟にフォーカスするようになるからでは？　ということだそう。

「ここから得られるのは」と為末さんは続けます。「何に目を向けるかによって幸福度が変わるなら、壁に当たって乗り越えられない場合でも自分を責めず、視点や発想を転換させることが必要なのでは」と。確かに、自分が作り出した壁であるならば、視点を変えれば消すことができる。別ジャンルの仕事の事例、あるいはアートや映画など、まったく別のものからヒントが見つかるかもしれません。

44

「すべては変わりうる」。そう思えるか、思えないかの差

為末さんが育った家の近くには、跳び越えるには難しく見える幅の小川がありました。実際にチャレンジして落ちた子どももいたそうですが、ある日、為末さんが試してみたら越えられたのだそう。こういう経験をすると、その後生きていく中で「ちょっと無理そう」と思うものに直面しても「いや、無理じゃないかも」と思えることが多くなります。「だって、あのとき跳べたし」というように。

為末さんは、人間は本当の限界より手前を限界だと思い込んでしまいがちだと言います。だから、できないと思っていたことも、ひとつの成功体験によって「いや、こうすればできるかも」と思えるようになるのは大きいのです。

まず、「やってみよう」と思えるか思えないか、そこが大事。為末さんの息子さんが、けん玉にはまっているそうで、難しそうな技に対して「これ無理だよ」と言う息子さんに、為末さんは「とりあえずやってみようよ、やってみないとわからない」という考え方をすり込んでいるそう。

壁を乗り越えられる人とそうでない人の違いは、「すべては変わりうるんだ」と思えるか、思えないか。「変わらない」と思っている人は「これはできない」という思い込みを変えられない。自分に「できない」という暗示をかけてロックしてしまう。

為末さんは「自分にとって難しかったことができた、そこに焦点を当てるべき。〝あの人よりできた〟ではない。人と比べてはいけない」と、重要なポイントも教えてくれました。

45 自分がワンパターンになっていることに気づけるか

陸上競技などスポーツの場合、として為末さんが教えてくれた〝壁〟へのアプローチは2通り。

ひとつは、一定期間同じ練習を続け、だめなら違う方法に変える「破壊」型、もうひとつはずっと同じ方法を続ける「蓄積」型です。さらに、スポーツ指導の世界で選手の成長につながるのは「蓄積をずっと続けた人に破壊のアプローチをさせる。破壊を繰り返してきた人には蓄積のほうに導く」方法だといわれているそう。つまり、同じ練習方法に偏りすぎている人には「もうちょっと柔軟に練習方法を変えてみたら？」と言い、いつも違うことをやりすぎる人には「落ち着いてしばらく同じことをやってみたら？」とアドバイスする。

「同じことをやってもうまくいかないときは、視点を変えるなど、意識的にアプローチの方法を変えることが有効です。人生も同じですよね」と、為末さんは話します。

そこで重要になるのが、〝コーチがいるかいないか〟。いいコーチがいる場合は選手が何につまずいているかが見えるので客観的なアドバイスが得られますが、コーチが必要ないくらい強い選手の場合は、自分が何につまずいているのかが見えない。自分がワンパターンになっていることに気づかないことが多いのだそうです。

「そんな自分に気づいて、ハッと我に返れるかどうかは、〝壁を乗り越えるセンス〟と関係しているかもしれない」と、為末さんは言います。

〝我に返れるか〟!? これは、とてもドキッとさせられる言葉でした。

46

〝やる気〟は〝義務感〟に弱い。出なくなったら、うまく自分を休ませる

スポーツ選手でなくとも、私たちは仕事などで「今ちょっとスランプなんだよね」と言うことがあります。

トップアスリートとして身体を通して得てきたものを論理に換えて理解を深め、選手の育成などに活かしている為末さんが考えるスランプには二つの種類があります。

ひとつは目標達成の途中で自ら壁を作ってしまうスランプで、もうひとつは「目標を達

成しよう」という気持ちそのものが湧いてこなくなるスランプ。

後者のほうが深刻で、いわゆる〝燃え尽き症候群〟といわれるものです。

アスリートの練習はきつい。そのきつい練習をこなすためには、普段の生活で求められるレベルの何倍ものやる気が必要なのに、それが出てこなくなるのです。

為末さんはこれを犬の散歩にたとえます。やる気、あるいはモチベーションが犬だとしたら、この犬が目標に向かって一直線に走っていってくれるのが理想ですが、そのうちに違う方向に行ったり、座り込んでしまうことがある。無理にひっぱると、だんだんひっぱらないと動かないようになってしまう。

この犬の特性は〝やれと言われるとやりたくなくなる〟、つまり義務感に弱いこと。

そして周囲の期待や声は、得てしてその義務感を強めてしまいがちです。為末さんが、最近の若いアスリートですばらしいなと思う点は「僕、休みます」と言えるところだそうです。きついときには周囲の声はスルーして、心と身体と脳を休ませましょう。

47 今日できること、を繰り返すと、壁を感じにくくなる

「世代によって目標達成に対するアプローチは違うかもしれない」としつつも、為末さん自身は「未来に目標を置き、そこから逆算して練習や競技会の計画を立て、それをきちんと実行する〝克服型〟だった」と言います。さらに為末さんが教えてくれたのは、もうひとつのアプローチである〝成長型〟について。

成長型のアプローチは、今やるべきことをとにかくやるという〝今〟を積み重ねてい

くものです。大きな目標をあらかじめ立てる克服型は、ひとつのプロセスができなかっただけでも苦しくなったり、そこに壁を感じやすくなったりするのですが、今できることを繰り返す成長型は壁を感じにくいそう。今日の目標をクリアしていく日々の繰り返しの結果、「あ、いつの間にかこんなところまで来た!」という感じでしょうか。

そして、多くのアスリートの競技人生においては、克服型から、今、今、今の成長型に流れていくことが多いと言います。

このことは、人生で歳を重ねていくとき、自分のモチベーションを維持するために参考になります。がむしゃらにがんばる時期を過ぎたら、毎日〝できた!〟の気持ちを積み重ねていく成長型に移行するのがよさそうです。

48

「身体と心の関係」をうまく使うと、楽しく幸せに生きることにつながる

株式会社Deportare Partnersは、為末さんが代表を務める会社。「Deportare（デポルターレ）」というのは「スポーツ」の語源で、「憂さを晴らす」、「余暇を過ごす」、そして「歌を歌う」という意味を持つそうです。為末さんはこの言葉を「身体を遊ぼう、みたいな感覚」だと解釈しました。

心で感じたことが身体に伝わり、表情や声として表現される一方で、身体へのなんら

かのアプローチで心の感じ方も変わる。たとえば、割り箸を口にくわえた状態で見たものはおもしろく感じるという研究があるそうです。よく「口角を上げて自分の脳を楽しいと錯覚させよう」というような話を聞きませんか？　あれも〝身体から心にアプローチする〟例のひとつ。つまり、幸せだから笑うのではなく、笑うから幸せになるということです。

私たちの身体と心は、切り離すことはできません。環境と直に接している身体から心に向けてなんらかのアプローチをして、〝身体と心の関係〟をうまく扱うことができれば、幸せに生きることができるのではないか。為末さんはそう考えて、子どもが思わず走り出したくなる遊具を開発するなど、いろいろな事業を進めています。

「僕の人生は、速く走るための技術と身体の使い方を身につけ、あとからそれを理論的に理解していく人生でした。これからはそうやって理解したことを広く伝えていきたいと思います」。為末さんは、今の自分の役割をここに見出《みいだ》しているようです。

49 「できないことはできない」とギブアップする幸せもある

為末さんが人生を気分よく、機嫌よく生きるためにしていること、それはまず〝散歩と読書〟です。

散歩しながら考え事をして、読書でインプットする。この二つがあればとても幸せ。

さらに「できないことはできない」とギブアップすることも大切にしているのだそう。

それは、家に置く靴下を1種類に決めたことに象徴されます。その靴下は紙製で、大

変気持ちがいい。もうこの1種類でいいや、と決めてしまったら、服の選択の幅も靴下に合わせて狭くなる。もともと服にはその程度しか興味がないのだから十分。

要するに、大事なものや、こだわりがたくさんあると、そのためにやらなきゃいけないことも増えてしまうから、それをコントロールしたいのだそう。

そしてギブアップしたものがもうひとつ。それは組織の中でうまくやることと、チームプレーです。一生懸命努力したそうですが、ご本人いわく「個人競技が長かったから」と笑います。

「僕の場合はいつも、大体このくらいのことさえやっていれば、世間に迷惑をかけることもなく、自分なりに楽しく生きていけるかなと、わざとやることの領域と視野をあえて狭める感覚です。できないことはできないと言ってしまう」のだそう。

最後に、為末さんが今後やりたいことを聞くと〝社会の思い込みの蓋《ふた》を外す〟ことだそう。期待しかありません！

ミュージシャン

坂本美雨

MIU SAKAMOTO

1980年生まれ。9歳からニューヨークで育つ。97年「Ryuichi Sakamoto feat. Sister M」名義で歌手デビュー。音楽活動のほか、翻訳、俳優、文筆など多方面で活躍。2015年、長女を出産。21年、連載中のエッセイをまとめた『ただ、一緒に生きている』を上梓。

2022.8.1 Interview

「親になること、子育て」について

「美雨」という名前は、突然変異を意味する
「ミュータント（mutant）」に由来するそうです。
音楽一家に生まれた美雨さんは、
一児の母となり、それを機に子育ての記録を
新聞に連載、一人の女性の素直な心情と
深まる考察に共感が集まっています。
「子とは、親とは、家族とは」をテーマにした、
坂本美雨さんの、美しい雨のような
やさしいととのえ方。

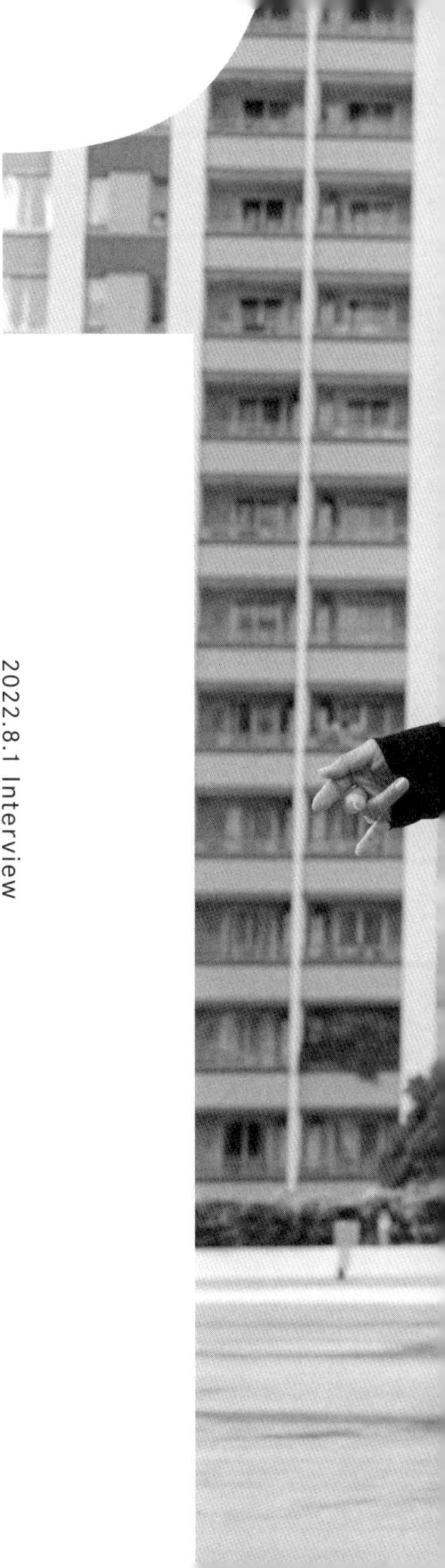

50

子どもは、ほんの一時育てさせてもらい、やがて宇宙に返すもの

2015年に娘のなまこちゃん（愛称）を出産した坂本美雨さんは、出産後、東京新聞に子育てエッセイ「坂本美雨さんの子育て日記」の連載[*1]を開始し、2023年現在も続けています。美雨さんのその時々の迷い、センチメンタルな感情の揺らぎ、喜びなどが、ストレートでてらいのない表現でつづられ、子育てをする多くの人たちの共感を呼びました。2022年、その6年間の連載をまとめ、さらに大幅な書きおろしを加えて

刊行されたのが『ただ、一緒に生きている』[*2]という本です。

「私は本当に忘れる」と、その本にも書いている美雨さん。エッセイを書くことで日々を記憶にとどめることができ、自分を客観的に見つめられるようになったそう。

よく、子どもは自分の分身だと言う人もいますが、美雨さんは娘さんに対して「自分の分身というふうには全然思えなくて」と話します。生まれた瞬間から〝自分とは別の人間がそこにいる〟と感じたそう。だからこそ、『ただ、一緒に生きている』で対談した理論物理学者の佐治晴夫さん[*3]の「子どもは宇宙から預かっているもの」という言葉に深く納得したのです。子はやがて社会に、そして宇宙に返す存在であり、ほんの一時養育させてもらっているだけ。この本のタイトル〝ただ、一緒に生きている〟には、美雨さんのそんな思いも込められているのです。

＊1「坂本美雨さんの子育て日記」：東京新聞で2016年から連載されている子育てエッセイ。
＊2『ただ、一緒に生きている』2022年（光文社）
＊3佐治晴夫（さじ・はるお）：理学博士（理論物理学）。東京大学物性研究所やNASAなどでの研究生活を経て、現在は鈴鹿短期大学名誉教授などを務める。宇宙研究の第一人者

51
〃親〃という役を演じているだけではないか、ということに気づく大切さ

美雨さんは娘さんを出産したとき、「ああ、（自分とはまったく）別の人間が生まれてきた。今、この時からどんどん離れていくばかりなんだ」と感じ、生まれた瞬間から切なかったと言います。でも、大きくなるまではこの〃宇宙からの預かりもの〃をなるべく良い方向に導きたいと思うのは当然。だから、〃叱る〃ことについてもさまざまに考えを巡らせます。

私はただ感情に駆られて怒っていないか？　親としての自分が人からどう見られているかを気にしているだけではないか？　これでは、ほんとうに娘のことを思って叱っているのではなく、親という役を演じているだけではないか？　と。

美雨さんはそう考えるなかで、自分が小さかったころに思いを馳《は》せ、ついつい娘にいろいろと小言を言ってしまう理由に思い当たりました。

美雨さんは、小さいときから場の空気をすごく読む子どもだったそう。それは、ミュージシャンであるお母さまが仕事に集中できるよう、周囲の大人が気遣ったり、さまざまな準備を整えたりしているのを見聞きしていたから。小さいながらも、今はお母さんに話しかけちゃいけない、仕事関係の人にちゃんと挨拶しなくては、と気を回していたのです。そして今、そのことが今の子育てに影響していると気づき、「子どもにそんな気を遣わせちゃダメだよね」と思うこともあると語りました。子どもと向き合う時間はまた、自分自身について考える時間にもなるようです。

52

子どもは、幼いころの自分に〝だいじょうぶ〟と言ってくれる不思議な存在

『ただ、一緒に生きている』は、一人の女性の子育て記録にとどまらず、普遍的な「ひとつの愛の形」が書かれている本。子どもを育てる過程で、美雨さんが自分自身について、そして子どもと自分との関係について見つめ直し、考えた時間があったからこそだと思います。

美雨さんがあるとき感じ、とても驚いたことがあります。それは「子に許されてい

る」という感覚。自分が小さいときに親からしてほしかったこと、かけてもらいたかった言葉、愛情などのすべてを娘がくれる。まるでそれは、時空がゆがむかのような経験で、子どもが親のように見えたり、菩薩《ぼさつ》のような存在に見える瞬間があるのだそう。

子どもが時空を超えて幼い美雨さんに逢いに来て、〝だいじょうぶよ、いいのよ〟と言ってくれたかのような不思議な感覚。美雨さんが本の結論として書きたかったのは、このことだったと言います。

本を書くにあたり、今まで触れなかった自分の生い立ちにも触れた美雨さんは、「迷惑をかけちゃいけないと思っていた、坂本龍一と矢野顕子という両親についても触れることになったけれど、自分がどう育ったか、どう思ってきたかは、子を育てるうえでもう一度確認せざるを得ないことでしたし、必要不可欠なことでした。それを避けては、子どもとしての自分、親としての自分が書けなかった」と振り返ります。

出版前にお母さんから「よく書けているね」という言葉をもらったそうです。

53

みんなで育てれば、子どもにも自分にもいろいろな居場所ができる

美雨さんは妊娠したときに「自分の影響だけ受けて一人の人間が育つのは本当に恐ろしい」と考えました。それでご主人と決めた子育ての唯一の方針は〝いろんな大人と触れ合って、さまざまな価値観を肌で知らせる〟というもの。だから子どもはみんなで育てる、そう美雨さんは決めて実践しています。

美雨さんは、ベビーシッターと自身のマネージャーの力を借りて、産後2か月で仕事

の現場に復帰。それは美雨さんがパーソナリティを務めるラジオのレギュラー番組*で、スタジオの多くのスタッフが赤ちゃんを連れた美雨さんに手を貸してくれたそう。そして、今もずっと、自分たち親子を親戚のように思ってくれる友人たちがいる。しかも東京だけではなく、日本全国に、アメリカに。そのことは天災等のときに、文字通りの避難場所があるという安心材料でもあります。

そして「人間、居場所がひとつではダメで、いくつかの場所に安心できるところがあったらいい」と美雨さんは考えています。自分自身にもいろんな顔があったし、少しずつ違う自分がいた。9歳でニューヨークに行き、高校までそこで育ったから、英語を話す自分もいる。言葉が変わるとまた違うキャラクターになれる。居場所によって変わる自分を客観的に俯瞰《ふかん》する機会も多く、「あ、こういう自分も楽しい」と思えるそう。

居場所の数だけ自分があるって、とてもウェルビーイングな気がします。

*「ディアフレンズ」：TOKYO FMで月〜木曜日の11:00〜11:30に放送している、映画、音楽、アートなど、さまざまなジャンルのゲストと坂本美雨さんのトークが人気のラジオ番組

54

子どもには、ちょっとダメな大人を見せることも必要

「子どものために」といろいろやってあげることも大事なのかもしれないけれど、まずは親が楽しい友人たちと一緒にいるというのが、結局は子どもにとってもいいことではないか、と美雨さんは思っています。コンサートやフェスに行き、そこにいる年齢も性別もさまざまな友人たちの中に子どもも一緒に放り込んでしまう。

子どもは親が楽しんでいる様子を見ればそれがうれしく、一緒に楽しんでくれると

言います。

さらに「けっこう大事」と思うことに、子どもに〝ちょっとダメな大人〟を見せることがあるそう。いろいろな大人のさまざまな価値観に触れさせることは、美雨さん夫婦の子育ての方針ですが、それが同じような〝ちゃんとした大人〟ばかりではよくないのではないかと。美雨さんが小さいころに接した大人たちは、やはり音楽業界の人が多く、当時のこの業界には今よりももっともっと〝ダメな大人〟がいたそうです。

「今思うとその人はアルコール依存症だったのではと思うけれど、ステージに立つととてつもなく魅力的だったり、〝この人はいつも変なコト言っているけど、悪い人じゃないんだな〟などと、子どもなりに想像力を働かせていました。見た目と中身のギャップと人間の弱さも含めて、人間らしさ、人間臭さ、そういうものを子どもにはいっぱい見てほしい」

社会にはいろんな人がいて、あらゆる人を排除しないということも、なんとなくわかってもらえたら。美雨さんは、そうも願っています。

料理研究家

ウー・ウェン

Wú Wén

中国・北京出身、1990年に来日。友人にふるまった中国の家庭料理が好評で料理研究家となり、97年には自身のクッキングサロンを開設。NHK「きょうの料理」や日本テレビ「キユーピー3分クッキング」などにも出演、『本当に大事なことはほんの少し』（大和書房）など著書多数。

2022.9.2 Interview

「命を養う食」について

ウー・ウェンさんのレシピはとてもシンプル。
でも、ハッとするおいしさがあります。
食材も調理もとてもシンプルゆえ、
「これでだいじょうぶなの？」と疑ってしまいますが、
一度ウー・ウェンレシピでの成功体験を得ると、
素材の切り方、火加減、調味料の選び方まで、
すべてをきっちり守ろうと思うはず。そして、
発せられる言葉には深い真実があり、それも大きな魅力。
繊細でおおらかなウー・ウェンさんのととのえ方。

55 食文化の根本の違いを知ることはお互いへの理解を深める

北京で暮らしていたウー・ウェンさんはカナダに行くことを夢見ていましたが、天安門事件で海外渡航が制限され断念しました。ただ、当時は日本の企業に勤めていたため、日本にならビジネス目的で渡航できると知り、来日したのが1990年。それからもう33年がたちました。

初めて日本に来たとき、大きなカルチャーショックを受けたことがあります。それは、日本人が〝水の味〟を語ること。中国では生の水は飲まないので、「水に味があるのか!?」と驚きました。

のどが渇いたらすぐに水が飲め、汚れも水ですぐに洗える。さらにその水が安全でおいしい。そんな国は世界中で日本だけではないかと、ウー・ウェンさんは言います。

料理での〝洗う〟という行為にも、中国と日本では違いがあります。水の沸点は100℃ですが、油は270℃くらい。加熱した油でほとんどの菌を瞬殺できるので、〝炒める〟という調理方法は、食材を加熱するというより〝安全のために洗っている〟とも考えられるのだそう。「炒めものは水洗いと一緒だと思ってください」と言うウー・ウェンさんの言葉には新鮮な驚きがありました。油で洗ったり、うま味を出したりする〝油〟の中国と、基本は水！　の日本の差がこのように表れるなんて。

その国の食文化は、地理や気象など、国土の特性によって変わります。ウー・ウェンさんはこの〝水ショック〟から日本と日本人、そして日本の食べ物をとらえ、理解を深めたのです。

56

家庭料理に〝絶品〟はいらない。〝その日に身体が必要としている料理〟を

日本ではよく〝旬〟という言葉を使うことにも、ウー・ウェンさんは驚いたそう。中国では七十二候[*1]の生活が根付いていて、365日÷72と考えると5日に一度〝旬〟が巡ることになります。医食同源の考え方にもとづいて、季節のものを食べるのはあたりまえ。わざわざ旬という言い方はしません。季節の食材は、おいしいことはもちろん、栄養価も高く、家族のためのごはんを作るときにいちばん大切なものです。

ウー・ウェンさんのお母さまは北京生まれ、お父さまは杭州《こうしゅう》[*2]の人。食文化にはかなりの違いがあり、主食も北京は小麦、杭州はお米です。お父さまは、蒸しパンが食卓に出ると、食べ慣れないためいつまでも噛んでいて飲み込めなかったそうですが、お母さまはお米と小麦をうまく使い分け、家族のために毎日料理を作りました。

ウー・ウェンさんも家族に料理を作るようになってから、「母は天才。全部がおいしかった。それは、母が家族の健康を考え、その時々に〝家族の身体が自然に受け入れられるもの〟を作ってくれていたからではないか」と思うようになったそう。実は家庭料理にいちばん必要なのは、おいしい、まずいよりもこのこと。家族の顔色や声などに日ごろから注意を向けて献立を決める必要があるのです。

「家庭料理に絶品はいらない。必要なのは愛」と、ウー・ウェンさんは断言します。

＊1 七十二候（しちじゅうにこう）：古代中国で考えられた、季節の表記法のひとつ。二十四節気を、さらに約5日ずつ3つに分けた期間
＊2 杭州：中国・浙江《せっこう》省の北部にある。杭州市は浙江省の省都で、上海《シャンハイ》から南に約170キロに位置する

57 料理も人生も同じ。プロセスを楽しんで積み重ねるだけ

ウー・ウェンさんのレシピは本当にシンプルですが、作っているときにハッとすることがよくあります。炒めものをするときに蓋《ふた》をする、とか、シュウマイのたねに調味料を入れていく順番とか。ほんの少しのことなのですが、その理屈を理解し、納得して、プロセスをちゃんとこなすと、本当にだれでもおいしく作れる。そして、シンプルな手順や丁寧な作業に慣れるころには、料理が上手になる。身体は食べたものでできてい

るから、何をどう食べるかをちゃんと考えないといけない、と思うようにもなります。

北京では「朝はおなかいっぱい食べ、昼は栄養のあるものを、夜ごはんは少なめに」と言うそう。

「我が家の朝ごはんはすごいですよ」と言うウー・ウェンさんの家の朝ごはんは、和・洋・中のバリエーション。野菜スープにパン、焼き魚に納豆、ちょっと元気のないときはおかゆ、さまざまな調理法の卵、野菜などなど、想像しただけでうらやましい食卓が目に浮かびます。

朝ごはんをちゃんと食べれば家族みんなが元気になる。その元気な一日を積み重ねていくことも、やがて迎える死への、シンプルで美しいプロセス。料理も人生も、そのプロセスを楽しむことが大事なのだと、ウー・ウェンさんは言います。

「その人が何を食べてきたかは、人生の最後、どういう状況で亡くなるかに表れると思う。人生の〝あがり〟は死ですから、私はきれいにあがりたいと思います」

58

「あれもこれも」ではなく
シンプルに。その豊かさに
気づければ幸せ

最近は中国でもスーパーマーケットに通年同じ野菜が並んでいるし、食材の種類も豊かになっているので、季節ごとに何を食べればいいかがわからない人も増えているのではないかと、ウー・ウェンさんは心配しています。

1990年に日本に来たとき、ウー・ウェンさんは、日本には物があふれ、マーケットにもありとあらゆる食材が並んでいることに、とても驚いたと言います。

料理も世界中のものが普通にあるし、これでは日本人が和食を食べなくなったり、作らなくなったとしても仕方ないなと思ったそう。白と黒、どっちがいいですか？　と聞かれたら選びやすいけれど、目の前に何色も並べられたら、選ぶのは大変ですよね。豊かになるのはよいことだけれど、食に関しては豊かすぎないほうがいいと、ウー・ウェンさんは考えているそうです。

「選択肢が多すぎるから、今日何を食べたらいいかわからないと悩む。そもそも身体の声を聞けば身体が欲しているものがわかるはずで、これはおいしさ以前の問題」とウー・ウェンさん。日本に住んでいれば気候風土に合うのが和食だとわかるので、ウー・ウェンさんの家の料理は和食が多いそうです。

「味つけも、かつおと昆布だけで十分おいしいのに、そこにまたいろいろ入れてしまう。そうではなく、〝なるべく入れないこと〟を考えたほうがいい」、そのほうが本当の豊かさに気づけると、ウー・ウェンさんは言います。

59

100年先ではなく、明日だけを考える。毎日その繰り返しでいい

ウー・ウェンさんの料理教室は人気があります。レシピ本を見て作っていてもいろいろな気づきがある彼女の料理ですから、その所作や調理をじかに見られるのは、どれほど刺激的でしょうか。でも、料理教室の魅力はそれだけではありません。なんといっても、耳を傾けるうちにいつの間にか元気になっているウー・ウェンさんのお話ではないでしょうか。

1963年生まれのウー・ウェンさんは、小学生のころ、文化大革命のために家族がバラバラになってしまいました。そこから文化大革命が終焉《しゅうえん》を迎えるまでの5年間、ご両親ははかりしれない苦労をしたと言いますが、それを見ながら育ったウー・ウェンさんは「文化大革命は人間を強くしてくれた時代」と振り返ります*。

ウー・ウェンさんはコロナ禍に対しても、「神様がどこかにいるとしたら、これも何かのメッセージかもしれない」と言います。そして、何かが確実に変わったけれど、変化を楽しもう、ゆっくり、のんびり、いろんなものに向き合って、いい思い出だけを持って向こうに行きましょう、とも。

「人生100年というけど、毎日の食事が明日の身体を作っているのだから、〝明日〟だけを考えたらいい。100年も一日一日の積み重ね。ずっと先の未来を考えて心配してもキリがないの！」

ウー・ウェンさんがそう言ったとき、ポン！　と背中を押された気がしました。

*『北京の台所、東京の台所』2021年（筑摩書房）より

「eatrip」主宰

野村友里

YURI NOMURA

フードディレクターとして、ケータリングフードの演出、料理教室、雑誌の連載などを行う。2009年には監督を務めた映画『eatrip』が公開。12年、東京・原宿に「restaurant eatrip」を、19年にグロッサリーショップ「eatrip soil」をオープン。

2022.10.11 Interview

「生きること、食べること」について

野村友里さんは「食べること」に正面から向き合い、
生産者や料理人とさまざまな活動をしている方。
そして「食」を、食材や調理法の領域にとどまらず、
五感を使って理解しようとしています。
また、食べなければ生きていけない人間の営みを
「人生は食べる旅」とし、多くの賛同を集めてもいます。
複雑になって行き先が見えない世の中を、
骨太かつシンプルに考える、
野村友里さんのおいしいととのえ方。

60

だれかと食事を共にすることは、生きている時間を〝生き生きと〟共有すること

映画『eatrip』[*1]は、野村友里さんが監督した２００９年公開のドキュメンタリー。初めは「本を書きませんか？」という提案を受けたのですが、まだ料理を生業としてちょうど10年のころで、自分のことよりも、それまで出会った「食べる」こととときちんと向き合っている人たちを紹介するほうがいいと考え、映画を作ることに。その出演者の中にいらしたのが当時の池上本門寺の貫首、酒井日慈さん[*2]でした。

酒井貫首は映画の中で「みんないつかは死ぬんだけれど、生きているからには〝生き生きる〟のがいい」と語り、野村さんは酒井貫首の声や目の輝き、内側から生きる楽しさがにじみ出ている様子に心打たれたそう。酒井貫首は「何が楽しいって、やっぱり食べることなんだよ、夏は氷を削る音に涼しさを感じたり、冷たい飲み物を、ごくっと飲み込む愉《たの》しみがある。〝食べること〟は今の瞬間を生きていると実感できる行為。だからだれかと同じ時間に同じ食べ物を身体に入れる、というのは、これ以上ない生きる行為だ」と、人と食卓を共にする喜びを説いてくれました。

「だれかと一緒に食べたごはんは、あとで思い出すことが多い」と野村さん。話したこと、食器の音、笑い声、料理の匂い……だれかと食べる食事は、五感をフルに働かせる。だから、それらが〝生き生き〟と、共に生きた時間としてよみがえるのでしょう。

＊1『eatrip』：2009年公開のドキュメンタリー映画。「映画＋五感体験」をテーマにイベント上映をしながら全国で公開された

＊2 酒井日慈（さかい・にちじ）：1919-2019年。大本山池上本門寺第82世貫首。著書に『生き生き生きる極楽を保証されても娑婆がいい』2002年（はまの出版）がある

61 力のある食材から、作り手のエネルギーをもらう

野村さんがレストラン「eatrip」をオープンしたのは2012年。それまでに出会ったすばらしい生産者たちの食材をおいしく料理して、食材についても興味を持ってもらえたら、食べる人と生産者をつなぐことができると思ったのがきっかけだそう。

「おいしい、ってなんだろう」と考えれば考えるほど、おいしさの原点である食材の重要性に考えが及び、「自分はそのすばらしい食材と食べる人の間に立ち、調理して、パ

スする媒介者なのだと思った」と野村さんは言います。

さらに2019年には「eatrip soil」というグロッサリーショップも開きました。そこに並ぶのは、自分がおいしい！　すばらしい！　と感じた野菜、卵、魚、肉、豆腐、調味料など、全国から集めた作り手の意志が色濃く反映された食材ばかり。生産者の顔が見えて、その出自を主張している野菜はエネルギッシュで、なにより安心します。

野村さんはそれらすべての食材の生産者に会いに行っています。彼らに会って食材に対する強い思いに触れると、その食材を口にするときに「あの人のエネルギーを食べている」と感じるそう。

作り手の熱量もまた、「おいしい」に大きく影響するのです。

62 土に触れると、身体も考え方も元気になれる

グロッサリーショップ「eatrip soil」の〝soil〟は土という意味。

野村さんは日々、土に触れる大切さを実感していると言います。お父さまが趣味で耕す畑を手伝いに行くと、そこで土に触れ、草の匂いをかぎ、自然と一体化するような感覚になるそう。「畑仕事は肉体労働ですから、いい汗をかく。そうするとおなかもすくので、何を食べてもおいしいと感じる。それがなによりの発見でした」と野村さん。

野菜を育むのは水や土、そこに集まるさまざまな生き物や、土の中にいる微生物。多様な生の循環の中で、おいしさは生まれるのです。それは人間の身体の中も同じ。健康の要といわれる腸内環境も多様な菌が混在しているほうが良好で、健康が維持され、元気になると話題です。

その〝元気〟は子どものそれと違って、大人が元気かどうかはわかりにくい。

「病気をしていない、ということだけではないし、本当の元気な状態を忘れかけている人も多いのでは。でも、やりたいことに夢中になっているときや、身体を使って満たされたと感じたとき、おいしいものを食べてうれしいとき、その気持ちと身体の反応は〝元気〟と言えるのではないでしょうか」と野村さん。

土に触れると人は元気になる。元気を思い出すことができる。

元気な人たちが話し合えば思考も元気になって、そしてきっと社会もよくなる、そう語る野村さんの言葉には強い説得力がありました。

63

人生100年ではなく、「3世代で現役100年」という考え方もある

野村さんが手伝っているお父さまの畑では、コロナ禍に「畑ミーティング」が盛んに行われるようになったと言います。80歳のお父さまとその先輩、若い人、子ども、映画監督を目指す人、ミュージシャン、お医者さん、医学生と、集まる人は世代も職業も多彩。でもそこに行けば自分が何者かは関係なく、共に役割を果たし、汗をかく。そんなふうにいろんな世代が集まることが大事だと、野村さんは考えています。

人生100年時代とはいえ、生きているあいだずっと活躍し続けるのは難しい。各世代が得たものを、次へ、その次へと受け継ぐ世代間でのバトンの引き継ぎは絶対に必要です。そのとき、関係が近すぎる親子よりも、祖父母と孫など、ワンクッションを挟んだ関係や、身内ではなく他人同士のほうがうまく引き継げる場合もあります。

「今、戦争になったら」とよく考えるという野村さんは、第二次世界大戦後、東京の表参道が焼け野原だったことは忘れてはいけないし、それを次の世代に言葉で直《じか》に伝えることはとても大切だと言います。

「これからは地球も社会も軌道修正モードに入る。100年後くらいに、前の世代はいいことをした、と言われるような行動を、私たちは選択していけばいい」と野村さん。この言葉に間違いはないと感じました。

64

空腹時の「とりあえず食べ」をやめると、自分が本当に食べたいものがわかってくる

この言葉は、野村さんへのインタビューの配信を視聴していた人からの「〝おいしいってなんだろう?〟と考える機会はどうやったら持てますか?」という質問への答えです。正直、ハッとしました。

おなかがすいたときに「とりあえずこれでも食べておくか」と、お菓子などで自分をごまかしてしまうことはありませんか? その「とりあえず食べ」は本当に自分が食べ

たいものは何かと考える習慣をなくしてしまい、〝おいしさ〟をしみじみと感じたり、考えたりする機会を奪っているのです。

野村さんのお母さまは、ご自宅で長くおもてなし教室を開いていた料理家の野村紘子《ひろこ》さんです。料理上手な紘子さんの作るものを食べて育った野村さんが、お母さまからよく聞いたのは「家庭料理は汁物」という言葉。どんな献立にも必ず汁物がついていて、それを食事の初めに味わうことによって、心が緩むのだそう。だから、おなかがすいたけれど何を食べていいかわからないときには、あたたかい汁物を飲んでみる。インスタントでもいい。汁物を一口飲んでほっとすると、その後に素直な身体の反応があり、食べたいものが見えてくるのではないか、と。

自分は今何を食べたいかをきちんと考えるのは、自分を丁寧に扱うことと同じ。野村さんが教えてくれたことは、それを実感するためのヒントになると思います。

小国士朗事務所代表

小国士朗

SHIRO OGUNI

株式会社小国士朗事務所 代表取締役。2003年にNHKに入局し、番組制作のかたわらアプリ制作や認知症の人がスタッフを務める「注文をまちがえる料理店」などを手がける。18年より現職。がんを治せる病気にするプロジェクト「deleteC」など展開。

2022.11.7 Interview

「企画力・仕事」について

小国さんは、仙台で一人暮らしをしていた
大学生時代の引きこもり生活から一転、
起業したのですが、資金を持ち逃げされてしまいます。
その後NHKに就職し、「プロフェッショナル 仕事の流儀」
などを制作、退局後も画期的な方法で認知症や
高齢化社会の問題解決に挑み、
『笑える革命』（光文社）を刊行。
「現実の中の理想をつかむ」を掲げる小国さんの、
わたしたち素人の背中を押すととのえ方。

65 共感を呼ぶ企画は〝素人の感動〟から生まれることが多い

小国士朗さんはＮＨＫで「プロフェッショナル 仕事の流儀」のディレクターを務め、多くの専門家を取材してきました。その反面「自分には何の専門性もないことがコンプレックスだった」という小国さんですが、ＮＨＫを退局するころには、素人であることは自分の強みなのではないかと気づいたそうです。

一方、小国さんが手がけた代表的なプロジェクトといえば、認知症の人が働く「注文をまちがえる料理店」。そこで繰り広げられる風景は、ドキュメンタリーフィルムにもなりました。そこでは、〝まちがえること〟が前提。だから、注文したものと違うものが出てきても、だれも怒らないし、困りません。みんなまちがいを楽しみ、うれしそうに帰る。そんな〝認知症との幸福な共存〟の風景が、多くの人の共感を得たのです。

「注文をまちがえる料理店」を発想したきっかけは、認知症介護のプロである和田行男*さんの取材で訪れたグループホームで、だれもまちがいを指摘しないことでまちがいが消えてしまう豊かな風景を目にしたこと。

認知症の素人である小国さんは大きく心を揺さぶられ、この風景を街の中にも作りたい！　と活動を開始し、それを成し遂げました。

「もし僕が介護のプロだったら〝不謹慎かもしれない〟などと心配が先に立ち、この企画は成立しなかったと思う」と小国さんは言います。そして小国さんはＮＨＫを退局し、〝プロの素人〟として世の中を眺め始めました。

＊和田行男（わだ・ゆきお）：認知症介護の第一人者。一般社団法人「注文をまちがえる料理店」の代表理事。

66

発想の発端となった感情を忘れなければ、その企画は形になり、着地する

2022年刊行の『笑える革命』は、がんや認知症、LGBTQへの理解などの社会課題を考える画期的な企画を手がけた小国さんの〝いい企画の作り方〟の本。「注文をまちがえる料理店」や、がんを治せる病気にする「deleteC」、LGBTQへの理解を深く腹落ちさせる「レインボー風呂ジェクト」*などの企画の成り立ちや発想の過程などが書かれており、読み応えがあります。すごい企画の数々を発想するだけで

なく、どれもきちんと着地させていることが驚きです。キーワードは感動の原風景。「注文をまちがえる料理店」は認知症のグループホームで見た景色が原風景です。

小国さんの友人で、がんのステージ4の状態だった女性が見せてくれた、アメリカの「MDアンダーソン・キャンサーセンター」の名刺もインスピレーションの源になりました。その名刺は、Cancer（がん）の文字に取り消し線が引いてあり、がん撲滅の決意が表されたデザイン。小国さんはこれをヒントに、企業が自身の商品、サービスから、Cancerの頭文字である「C」の文字を消してオリジナル商品やサービスを販売するプロジェクト「deleteC」を企画し、サントリーの「C.C.レモン」などを買った人が自然にがん治療と研究に寄付できる仕組みをつくりました。発想の源となった風景への感動や驚きが強いほど、企画を形にする途方もない力が出せる。小国さんは「最初に見た風景に名前をつけただけなんです」と言います。

＊レインボー風呂ジェクト：小国さんのＮＨＫ在籍時代最後のプロジェクト。多様な性を持つ人たちと温泉につかりながら、だれもが楽しめる温泉について考えようというもの

67

〝半端な知ったかぶり〟になりそうなときに、初心にかえれる方法を用意しておく

素人だから感動する風景、素人だから思いつく素敵なこと……素人の強みを発揮して数々の名企画を生み出す小国さんですが、素人であり続けるのはなかなか大変。

認知症のプロジェクトをすれば認知症に、がんのことに関わればがんに、どうしても詳しくなってしまう。いつも素人側にいたいのに、半端な存在になりかけてしまったときは、自分より詳しくない人と、そのことについて話すのだそうです。話していて

「お前、わかってないな」なんて自分がイラッとしたら、それは〝中途半端なプロ〟になってしまっているサインです。

もうひとつ、小国さんがしていることは、常に頭の中にノートを置くこと。その1ページ目には、必ず「なんだこれ⁉」と違和感を覚えたことを書き留める。なぜなら、それが〝宝〟だから。強烈なインプレッションから企画を発想していくので、それがいい違和感だろうと、悪い違和感だろうと、スルーせずにしっかり心に留めておくのです。

そして、大事なのはそれを振り返ること。半年くらい同じテーマにつきあっていると、どこか半端な知ったかぶりになっている自分に気づく。そんなときに頭の中のノートの1ページ目を見返すと、素人だった自分が感じたことが書いてあり「俺はまだこの違和感に答えていないぞ」と、初心にかえって軌道修正できるのだそうです。

意識して素人でい続けること。それは、視聴者である素人＝大衆を置いてけぼりにせず、惹きつけるコンテンツをつくってきた小国さんだからこそ生まれた考え方なのかもしれません。

68

協力者を増やすには ついていきたくなるメッセージを出すことと、説得しないこと

小国さんがいくらすばらしい企画を作っても、一人では形にできません。多くの協力者や理解者が必要です。しかし、どうやったらそんな人たちを見つけることができるのでしょうか。

小国さんによれば、ひとつは〝「この指とまれ」の指を磨く〟こと。子どもが遊びの仲間を集めるときに「この指と～まれ！」と指を立てますよね。その指が魅力的でなくて

はならないのだそう。この場合の「指」とは、どんなメッセージを出すかということ。「注文をまちがえる料理店」で出したメッセージは「まちがえちゃったけど、まあいいか」でした。これがもし、「認知症の人が輝く社会をつくりたい」だったら、多くの人は「自分には認知症について知識がないから、協力するのは無理そうだ」と思ってしまうかもしれません。そして、もうひとつの協力者獲得の方法は、〝説得しない〟こと。

説得とは理屈で相手を納得させて従わせることですが、それはとても難しい。なぜなら、聴いている相手にはそもそも関係のない理屈であり「わかるけど、うちの会社には関係ないし」と思われてしまうからです。だから小国さんは、思わず「あ！　いいね！　それやりたい」と言った人とだけ組むと決めています。その人を「素敵なうっかりさん」と呼び、その人に次の「うっかりさん」を探してもらうのです。

熱心に説得したら人が動くかといえば、意外にそうでもない。新しいプロジェクトを始めるときなどは特に、小国さんは「素敵なうっかりさん」を延々と探し続けるのだそうです。

漫画家

東村アキコ

AKIKO HIGASHIMURA

宮崎県串間市生まれ。金沢美術工芸大学を卒業後、1999年『フルーツこうもり』でデビュー。2015年『かくかくしかじか』で第8回マンガ大賞、第19回文化庁メディア芸術祭マンガ部門大賞を受賞。『東京タラレバ娘』『海月姫《くらげひめ》』などテレビドラマ化されたヒット作も多数。

2023.1.11 Interview

「趣味・恋愛」について

東村さんの漫画は、読み終わってからもう一度じっくり、
主人公の表情や、描写、セリフなどを楽しみながら
読み返したくなります。
なにしろ絵がものすごくうまいから見ごたえがあるし、
キャラクターの心象表現や一つ一つのセリフに、
「これ、私が言ってる？」と錯覚してしまうような、
共感と親近感を覚えるから。
リアルとファンタジーを融合させる天才、
東村さんのととのえ方。

69 趣味を持つと人生が深くなる

近年、ＳＮＳやメディアに出ている東村アキコさんの写真は、かなりの確率で着物姿。すごく美しくて、着物自体もすばらしい。いつから着物にのめり込んだのですか？と伺って返ってきたのは「茶道を始めてからなんです」という答えでした。

東村さんは漫画家になってから、仕事は順調、暮らしに問題はなく、子どももすくすく育ち……と、特に不満もなかったそうです。ところが35歳くらいのころ、締切に原稿

を出し終えたときに、「やることがない！」と気づいたそう。それまでは仕事が趣味で、それが幸せなことだと思っていましたが、間違いだったと気づいてしまった。

ちょうどそのころ『雪花の虎』*という歴史漫画を描くうえで茶の湯文化に触れたこともあり、「お茶でも習ってみようか」と教室を訪れました。ところが、茶室に入ったとたん、空間の魅力に、はまった。

週末のお稽古に影響が出ないよう、平日の仕事もてきぱき片づけたし、今までとはまったく違う人間関係も築けたことで世界が広がり、人生に深みが増した。まさに「人生に欠けていたピースがはまった！」と感じたそうです。

「今、ウェルビーイング状態なんですよ、私」と言う東村さんは、「趣味を持つならお金を払って教室に通うことが大事。なおかつ、メソッドがきちんとしていて、だんだん上達するようなことがいい」とアドバイスをくれました。

＊『雪花の虎』（小学館）：戦国時代、毘沙門天の化身といわれ、軍神とあがめられた上杉謙信は、実は女だったという設定の歴史漫画

70

デートのごはんは、思い出に残るか、共犯意識を持てるかが鍵

東村さんの漫画の中で食事のシーンは重要で、主人公が誰かとデートしたり、親交を深めるときに使うと言います。ちなみに東村さんは料理が得意で、なんなら「漫画より料理のほうが得意」だそう。だから当然食いしん坊だし、職業柄、さまざまな状況で、料理の選び方や使い方を考える機会が多いそうです。つまり〝人間関係における食事と料理の意味と役割〟についてすごく考えている。

デートのときの料理についても、東村さんは〝思い出に残るもの〟でなければならず、また〝ちょっとやましさを感じるようなもの〟を食べて共犯意識を持つことがポイントだと語ります。

〝思い出に残るごはん〟とは、高価な食事ということではなく、「海老フライの海老が大きかったな」とか「このお魚初めて！」など、印象に残ることが大事。そして〝共犯意識を持つ食事〟とは、ホルモンやこのわたなど、一部の人は食べるのを避けたがるようなものを一緒に食べ、「私たち、こんなものを食べてしまって」と〝秘密のことを一緒にしている感〟を味わうことです。

ウェルビーイング研究者の石川善樹さん（38〜51ページ参照）は、「人と人は一生忘れられないような経験を共にすると関係が深まる」と言います。石川さんのこの考えは、まさに東村さんの話と共通しているのではないでしょうか。印象に残る食事、ましてや共犯意識を共にすれば、ぐっと関係は近くなるはずです。

71

異性と友情を築いたら、恋愛せずにずっと友達でいればいい

東村さんはアシスタントさんなど若い人たちと接する機会も多いのですが、そのなかで恋愛している人は半分くらいかな、と感じるそうです。東村さんが今よりも若いときの漫画といえば、テーマは恋愛！　それを描けない漫画家はダメだとされ、世の中の風潮も恋愛しないという選択肢はないと言ってもいいくらいでした。

ところが今、漫画界で恋愛ものは少なくなっていて、編集者にも「あ、恋愛はもうい

いです」と言われることが多くなったそう。東村さんは、恋愛に対する価値観はたかだか数十年でこれほどまでに変わったのかと驚きました。

「これから大恋愛は一部の人たちのものになるのかも」と考える東村さんは、恋愛する人が減ったとしても、それは悪いことじゃないと言います。異性ですごく気の合う人がいたら、その人と友情を築いていく。その関係が10年、20年と続いていくのがいい。東村さんの周囲には、年月がたって友達同士の関係から、結婚する人も多いそうです。

「恋愛なんてしなくていい」、若い人たちが本当にそう思っているのかはわかりません。でも、恋愛漫画が少なくなるなか、東村さんの漫画『私のことを憶えていますか』*は、ライターでアイドルの推し活をしていた主人公の、初恋の記憶がよみがえったところから始まる純愛漫画。若い人も含めた多くの人をキュン！ とさせています。

*1『私のことを憶えていますか』:「ピッコマ」で配信。単行本は文藝春秋刊

料理研究家

藤井 恵

MEGUMI FUJII

料理研究家、管理栄養士。女子栄養大学在学中から料理番組のアシスタントを務める。日本テレビの「キユーピー3分クッキング」には18年間にわたってレギュラー出演した。『からだ整えおにぎりとみそ汁』（主婦と生活社）など著書多数。

2023.2.8 Interview

「仕事・家族・料理」について

藤井恵さんのレシピは再現性が高い。
これは料理編集界の定評です。
「再現性が高い」というのは、手順通りきちんと作れば
必ずおいしくできるということ。
そんなレシピを作るためには試作を繰り返して
〝おいしさの数値化〟をすることが必要であり、
簡単なことではありません。
藤井さんの料理と人生への向き合い方の結果だと思います。
藤井恵さんの暮らしと仕事の経験からのととのえ方。

72

ときには自分を客観視して「そんなにがんばらなくていい」と、自分に言う

料理研究家になったきっかけは、「テレビや雑誌に載っているお料理が食べてみたい！　と思ったから」と藤井さん。最初は裏方でいいと思っていたのに、「キユーピー3分クッキング」＊にレギュラー出演することになり、やがて雑誌にも引っ張りだこの人気料理研究家になりました。

私生活では22歳で結婚し、料理番組のアシスタントをしていた25歳で第1子を出産。

しばらく子育てに専念しましたが、「このまま子どものお母さんというだけで人生が終わってしまっていいのか」と強い焦りを感じ、仕事を再開。それこそ、必死に、がむしゃらに、呼吸することも忘れるくらい仕事をしたそう。家族のための食事も、「料理研究家なのだから、ちゃんとしなくては」と、がんばっておかずを何種類も作ったりしていた時期があったと言います。当時は〝○○であるべき〟という意識が強く、自分で自分を苦しめていた、と藤井さんは振り返ります。

子育てがひと段落し、自分の時間もつくれるようになった藤井さんは、当時の自分に「別にそこまでしなくていいんじゃない？　がんばらなくていいんじゃない？」という言葉をかけてあげたいそうです。がんばりすぎていた自分もだけれど、家族も大変だったのでは、と。

だれしも、仕事や家庭、なにもかもを完璧にこなすのは不可能です。ちょっと一息ついたら、「そんなにがんばらなくていいよ」と自分に言ってあげたいですね。

＊キユーピー3分クッキング：1962年12月から続く、キユーピーの一社提供によるテレビの長寿料理番組。

73

お弁当はワンパターンでいい

若いころ、とにかくすべてに一生懸命だった藤井さん。子どもの幼稚園のお弁当が始まると、これにも「お弁当とはどうあるべきか」と真剣に考え、向き合いました。栄養バランスがよくなくては、量はどのくらいが適正なんだろう、子どもを喜ばせるためにはやっぱりキャラ弁かしら……悩んで悩んで、それが苦痛で、子ども用の小さなお弁当箱に何をどう詰めたらいいのかわからなくなってしまうくらいでした。

しかも、やっと教科書通りに作ったお弁当を、お子さんはほとんど食べずに残してくる。何が悪いのだろうとまた苦悩しましたが、2人目のお子さんが生まれて時間の余裕がいよいよなくなると、「どうしたら短時間で効率よく、普通のお弁当が作れるか」と考え方を変えたそう。そして、出した結論は「ワンパターンでいい」ということ。

まずお湯を沸かして野菜をゆで、卵を焼いて、その次は肉か魚を焼く。そうルーティーンを決めたら本当に気持ちが楽になったと藤井さんは笑います。こうして藤井さんのお弁当作りは15年間続きました。

『藤井弁当 お弁当はワンパターンでいい!』*は、藤井さんが長年の経験から生み出した、作る人にストレスなく、食べる人がおいしく楽しめる、をコンセプトに作られた本です。すべてのレシピで使う道具は卵焼き器1つで、食材も3つだけ。第7回料理レシピ本大賞で準大賞を獲得するベストセラーになりました。

*『藤井弁当 お弁当はワンパターンでいい!』2020年(学研プラス):「お弁当は特別な一食ではなく、毎日のごはんの続き」と位置づけ、ストレスなく作れるワンパターンのお弁当のレシピ集。

74 大事にすべきは、何を作るかより、一緒に食べること

農林水産省の「食育白書」*によると、週の半分以上、一日のすべての食事を一人で食べている人は、全体の約15%。家族がいるにもかかわらず、一人で食事をする「孤食」、つまり孤独な食事が、今問題となっています。

藤井さんは、お弁当作りをワンパターンに変えて気楽になれたころ、普段の家庭の食事も、作る人と食べる人の両方に負担がないことがいちばんだと気づきました。「がむ

しゃらに仕事をがんばって、お弁当も完璧に作っていたころは、食べる人のことを考えていなかった。だから娘はちゃんと食べてくれなかった」と。

また、藤井さんは高齢になったお母さまのもとに、よく作り置きのおかずを持って行ったそうですが、そのときも「母に何か作らなきゃいけない！」という義務感が強かった。だから、あれは押しつけだったのでは？　母にしてみれば「ああ、また持ってきちゃった」と思っていたのではないか？　と、藤井さんは振り返ります。

「作る人にも食べる人にも負担になるごはん作りには、いいことがない」。そう気づいた藤井さんは、子どもにしても高齢者にしても、何を作るかより、一緒に食べることがいちばんなのだと言います。子どもの嫌いなものは一緒に食べる、高齢の親には「これ食べてね」と置いていくのではなく、「一緒に食べようよ」と誘う。

冒頭の調査によると、だれかと一緒に食事をすることが多い人たちは、心の健康状態もいい傾向で、野菜などの健康的な食品を食べる頻度も高いそうです。

＊「平成29年度 食育白書」（平成30年5月29日公表）

75

家族が「自分のために作ってくれた」と思えるように作る

藤井さんは日々たくさんのレシピを試作するので、自宅の食卓でもそれを出して家族で食べることが多くあります。でも、まだお子さんが小さかったある日、自宅で作ったものではない、撮影で持ち帰ったものを出したら食べてくれなかった。それはきっと、自分のために作ったものではないことがわかっていたからで、小さい子どもなりの抵抗だったのかもしれないと藤井さんは言います。お母さんや、大切な人が「自分のた

めに作ってくれた」と感じられることは食べる人にとってとても大切なのです。

とはいえ、忙しい藤井さんは、仕事で料理を作って、家でもたくさんおかずを用意するなんてできません。だから、あるときから晩ごはんは毎日「鍋」と「つまみ」にすると決めた。鍋のベースは塩、醤油、みそのローテーションで、余った食材をなんでもザクザクと刻んで煮ながら食べる。鍋のおいしさはできたてが食べられることと、みんなでワイワイ食べられることです。「晩ごはんは鍋」と決めてしまったら、またひとつ気持ちが楽になったし、ご主人もお子さんたちも「また鍋？」と聞くことはなかったそう。今でもご主人に何が食べたい？　と聞くと「鍋」と答えるそうです。

みんなで食べられて、しかもちゃんと「自分のために作ってくれた」と感じられる、それが鍋のよさでもあるのですね。

76
年齢を重ねてからは料理もシンプルに。味の想像がつかないものは作らない

藤井恵さんの料理には、もともとは〝自分を救う〟ために考え、それをさらに磨いたものが多いと思います。苦痛だったお弁当作りを変えたワンパターン弁当も、忙しいなかでも家族に喜んでもらえるように考えた毎晩の鍋も、生まれたきっかけは自分を楽にしたかったから。それらが今レシピ本として広まり、今度はそれを読んだ多くの人が救われています。「なんだ、これでいいんじゃない」って。

長年出演していたテレビの料理番組を卒業し、2人のお子さんは家を出て、ご主人と二人の生活になってから、長野県に別荘を持ったそうです。東京と長野を月に数回行き来することはとてもよい息抜きになっていて、青空を見上げたり、小さな草花を見つけたり、思わず深呼吸したり……そんなことがやっとできるようになった、と、藤井さんは言います。

そして、自分の時間が持てるようになった今、ますますお料理が好きになってきたそう。年齢を重ねて、そろそろ健康にも気をつけなければいけないので、夫婦の身体のことを考えたメニューが多くなってきました。

ポイントは「身体をととのえる」ことで、塩分を控えてなおかつおいしいメニューや、腸内環境をよくする食材を使ったレシピを、自分たちのために考えている毎日。以前よりもシンプルになり、また、味の想像がつかないものは作らなくなったそう。

今、藤井さんが考えているレシピは、きっとまた私たちのことも救ってくれるのでしょう。乞うご期待!

カレー研究家

水野仁輔

JINSUKE MIZUNO

1974年、静岡県生まれ。AIR SPICE代表。99年に出張料理ユニット「東京カリ～番長」を立ち上げ、全国で1000回以上のライブクッキングを実施。2016年よりスパイスセットとレシピを毎月届けるサービス「AIR SPICE」をスタートした。

2023.3.3 Interview

「仲間づくり」について

水野仁輔さんにお話を伺ってつくづく思ったのは、
水野さんはウェルビーイングそのものだということ。
カレーを通して楽しいことをたくさんやり、
旅に出てわくわくして、学校で教え、
スパイスとレシピのサブスクサービスの
会社の代表も務めている。
大好きなものがあり、いろんな場所でいろんな顔を持ち、
仲間がたくさんいる。そんなうらやましい水野さんの、
元気の出るととのえ方。

77

何かひとつ
コミュニケーションツールを持つと、
仲間をつくりやすい

水野さんが校長を務める「カレーの学校」。その公式サイトには、学校の説明として次のような言葉が並んでいます。「別名〝カレープレーヤー養成所〟。入学すると10人以上の仲間（同級生）に出会える。授業に出るとカレーの未知なる魅力に翻弄される。卒業すると850人以上の仲間（卒業生）ができる。つまり楽しい日々はずっと続く。そして校長の僕もたまには混ぜてもらって一緒に楽しむ。そんな学校です」。*

なんて楽しそう！　つまり、おいしいカレーの作り方を教えるだけの場所ではないんですね。でも〝カレープレーヤー〟とはなんでしょうか。

カレーは水野さんにとってコミュニケーションツールなのだそう。カレーをきっかけに、いろんな場所に行って、さまざまな人に会えたり、楽しい時間が過ごせたりする。そういうことができる人を〝カレープレーヤー〟と呼ぶのだそうです。

たとえば、サッカーが好きな子どもは、サッカーボールをひとつ持っていればだれかと仲良く遊べて、いろんな話ができますよね。水野さんにとっては、このサッカーボールがカレーなのです。「ねえ、みんなでこれで遊ぼうよ！」と。

カレーの学校の卒業生は2023年現在850人超。卒業生は、水野さんのカレー関係の資料とスパイスが置かれた「ルーム」と呼ばれる作業場に集まり、カレーやチャイを作ってワイワイ楽しんでいるのだそう。なんだ、つまり水野さんは、カレーの学校でも自分の仲間をどんどん増やしている、そういうことですね。

＊数字はすべて2023年現在

78

情報はすべて惜しみなく提供すると、もっと豊かな情報になって返ってくる

これだけカレーやスパイスに詳しいのだから、水野さんのところにはたくさんの人が「おいしいカレーの作り方を教えてください」と訪ねてきます。それに対して、水野さんは「わかりません」と答えるそうです。水野さんによれば、カレーには〝おいしい、まずい〟は存在せず、正解も不正解もない。唯一正解がある場所、それは自分の中で、僕がわかるのは〝僕のおいしい〟だけ。だから「あなたにとっておいしいカレーは、あなた

の中にある。それを探して」と伝えるのだそうです。まるで禅問答！

今、水野さんが一生懸命に取り組んでいることは、各人がそれにたどり着くための、あらゆる情報の提供。〝自分だけのおいしいカレー〟を作れるように、さまざまなアプローチと手立てを開示しています。スパイスの組み合わせ、ハーブの使い方、加熱の仕方、食材のあれこれ、それらの無限の組み合わせ……とにかく〝知っていることは全部出す〟ことを徹底しているのだそう。なにしろ水野さんが出したカレーの本は、すでに70冊以上もあるのですから。

「自分にとっておいしいカレーとは何か」を知りたいと思ったら、その人は水野さんから差し出された方法で試行錯誤したくなってくるだろうし、やがて必ず〝自分のおいしいカレー〟が作れるようになるはずだと水野さんは言います。

水野さんが開示した方法を一人一人がオリジナルに組み合わせ、それを水野さんに返してくる。結局は水野さんが出した情報の何十倍、何百倍になって返ってくるのだから、やっぱりいちばん得するのは水野さん、ですね。

79 仲間ができたら、もっと楽しめるように考える

水野さんには、世界中にカレー仲間がいます。そしてその仲間たちと、どんどん楽しいことをする。水野さんが「カレーはただの食べ物じゃない」と気づいたのは、大学生のとき、自宅で開いたカレーパーティーがきっかけ。友人同士でカレーを作り合って食べただけなのに、異様な盛り上がりを見せたそう。そのとき、なぜこんなに盛り上がるのだろう、パスタでもラーメンでもこうはいかないと考え、「カレーだからだ！　カ

レーだからこんなに楽しく仲間づくりができるんだ」と気づいたと言います。

それ以来、水野さんはカレーをコミュニケーションツールととらえ、仲間を増やし続けています。グループをつくるのも好きで、今までに「東京カリ～番長」＊をはじめ、20ものグループをつくったそう。

おもしろいことを一緒におもしろがってくれる人を探し、グループを結成する。グループ名を決め、ロゴマークを作り、Tシャツを作る。すると気分が盛り上がって「みんなでイベントやろう！」となるんです、と語る水野さん。本当に、仲間づくりとグループ運営の天才だと思います。

自分が「おもしろい！」と感じたことを仲間と共有して世の中に出す。そうして多くの人が、自分が発見したおもしろさに気づいてくれるのは、とても楽しいと思います。

＊東京カリ～番長：水野仁輔さんが1999年に行った「公園でカレーを食べる」イベントから生まれた「ハッピーな空間づくり」を目的としたグループ。全国のイベントやクラブなどに出張し、カレーを作る。ポリシーは「二度と同じカレーは作らない」

森岡書店代表

森岡督行

YOSHIYUKI MORIOKA

「森岡書店」代表。著書に『荒野の古本屋』（小学館文庫）、『800日間銀座一周』（文春文庫）、『ショートケーキを許す』（雷鳥社）などがある。共著の絵本『ライオンごうのたび』（あかね書房）が、全国学校図書館協議会が選ぶ「2022えほん50」に選ばれた。

2023.4.10 Interview

「愛と幸せ」について

銀座の表通りから離れた静かな場所に立つ、
昭和４年竣工のビルの１階にある「森岡書店」は、
一冊の本を売る書店です。
ギャラリーのようなその空間の中に森岡督行さんがいて、
クラシカルな黒電話でお話しをしているのを
外からのぞくと、まるでどこか違う国の、
違う時代の人と話しているように見えます。
物語の中に住んでしまったような、
森岡督行さんのやさしいととのえ方。

80
愛は、あなたが与えた分だけ得られる

２０２３年に発刊された『ショートケーキを許す』。気になるタイトルのこの本は、森岡督行さんが誕生から１００年を迎えたショートケーキに贈る、祝福の本。そこに記された「愛するとは許すということ」という言葉について、森岡さんに伺いました。

この本を出版する際にほかの人からも、「〝許す〟とはなんですか？」と聞かれ「愛することです」と答えた森岡さんですが、あらためて〝愛〟について考えてみたそう。しかし、これがなかなか難しい。森岡さんには古今東西の愛についての読書歴と教養があるだけに、余計に難しい。それで、もっとシンプルに考えようと思ったそう。

だれかを愛していると、日々の気持ちが安定する。その人も自分を愛してくれていたらそれは最高で、「君といると安心するんだ」という会話から、将来への希望も湧いてくる。だから、森岡さんにとって、愛とは〝安心と希望〟なのです。そして、森岡さんはこの〝愛＝安心と希望〟を、お金に換算するとどうなるか考えてみたそう。曖昧なことを数字に換算して考えると、他人にも説明しやすくなります。「1000万円の愛だったら安心と希望が1か月続くかな、1000万円だったら1年くらいかな」、などと考えた森岡さんでしたが、それをある人に話したら「愛をお金に換えるなんてよくない。初心にかえるべきだ」と言われてしまいました。

ハッとした森岡さんが、自分にとっての初心とは何か？　と考え、思い至ったのは、大好きなビートルズの曲「The End」の、「結局、あなたが得る愛はあなたが与えた愛に等しい」という言葉だったそうです。

81

いつも明るいほうを見て、好きなものをさらに好きになり、いろいろな自分を持つ

「（社会的、心理的、身体的に）よく在る状態をその人なりに実感すること」、それがウェルビーイング。森岡さんには、そのために心がけていることが3つあるそうです。

世の中の概念や事象を表す二字熟語には、「善悪」「美醜」「明暗」と、相反する意味を持つ漢字が並んでいるものがたくさんあります。もしも世の中が二つでひとつ、と表現されるのならば、森岡さんは、いつも〝明るいほう、美しいほう〟を見ていたいと思う

のだそうです。暗いほうを考えないというのではなく、良いほう、豊かなほうに立って、世の中のあれこれを考えたいと。

もうひとつは〝好きなものをさらに好きになるようにする〟ということ。

本、旅行、写真集、近代建築、純喫茶、銀座の街、神保町など、森岡さんが好きなものはたくさんあります。嫌いなものには触れないようにして、「苦手なことを克服しよう」などとは考えないようにしているそう。

そして最後が〝自分の中のさまざまな自分を愉《たの》しむ〟こと。書店を経営する自分、プロデューサーとしての自分、執筆者の自分など、それぞれの自分の、それぞれの好きなもの、気持ちのいいものを伸ばす。それが幸せにつながると森岡さんは考えます。

ポジティブな視点と、没頭できることと、自分の中の健全な多重人格。これがそろうと、まさにウェルビーイングな状態になれそうです。

82

情報や人との、〝リアルな出会い〟こそ尊い

銀座「森岡書店」は、一冊の本を売る書店。正確に言うと、一冊の本と、それにまつわるイベントや作品展示なども行う書店です。ここでは、売っている本の著者と直接お話しできる機会も多く、ほかでは味わえない感激と感動を体験することができます。

「一冊の本を売る」というアイディアを思いついたのは、2007年、銀座に移転する前の、「森岡書店」茅場町店で見たあるシーンがきっかけでした。

それは、一冊の本の周りに著者、編集者、読者が集まり、会話をし、喜びを分かち合う光景。森岡さんはその光景を目にして、「本は一冊だけあれば十分なのでは」と思ったそうです（『荒野の古本屋』＊より）。

そういう、人には真似のできない思いつきや発想は、実際に人と出会い、話し、一緒に体験することから生まれるものでデータからは出てこない、と森岡さん。

一言で言うなら「野生のカン」なのだそう。

森岡さんは散歩が好きで、東京も大自然だという自説の持ち主でもあります。「ガラスもコンクリートもみな自然由来のものが原料だから」と。そうすると森岡さんは、獲物（好物）を求めて大自然をさまよう、一匹の野生動物ということになります。

オンラインの会話や情報収集もいいけれど、リアルな出会いと、それによって生まれる偶然の産物を、尊いと感じ、〝本を買うという体験〟をしてほしいと語る森岡さん。検索して得たものではないものとの偶然の出会いは、ときに大きな幸せをもたらします。

＊『荒野の古本屋』2021年（小学館文庫）

緑泉寺住職

青江覚峰

KAKUHO AOE

1977年、東京都生まれ。浄土真宗本願寺派湯島山緑泉寺住職。米国カリフォルニア州立大学にてMBA取得。料理僧として料理、食育に取り組む。ブラインドレストラン「暗闇ごはん」代表。2023年5月の「G7広島サミット」で、各国代表に精進料理をふるまう。

「仏教・食べる・生きる」について

2023.5.10 Interview

寺に生まれたものの
「実家継ぎたくない病」にかかり、米国に留学。
MBA資格取得、事業も順調だったところで起きた
アメリカ同時多発テロ事件。
若かった青江さんのメンタリティは傷み、帰国しました。
そして、あらためて仏教を学び始めた青江さんは、
すっかりそのおもしろさにはまってしまい、結局僧侶に。
ナイーブで明るい新時代のお坊さん、
青江覚峰さんのありがたいととのえ方。

83

「人間て、懲《こ》りないよね」そんなことがたくさん書いてあるのがお経

カリフォルニア州立大学に留学し、MBAも取得して、始めた事業もうまくいった。ご本人いわく〝イケイケ〟だった青江覚峰青年は、アメリカ同時多発テロ事件*をきっかけに、悩み、迷い、ついには帰国。食わず嫌いだった仏教文化を学ぶため、築地本願寺の「東京仏教学院」に入学。そこで出会った仏教がとてもおもしろかったのだそう。

「ありがたいことが書いてあると思いがちなお経には、人間くさい話がたくさんあり

ます」と覚峰さんは教えてくれました。たとえば、大乗仏教の大成者、龍樹菩薩《りゅうじゅぼさつ》（ナーガールジュナ）は頭脳明晰で、ありとあらゆる学問を修めた。彼は仙人が作った「隠身の術」の秘薬、つまり透明人間になる薬の処方を、煎じ薬の薫《かお》りを嗅いだだけで理解し、再現してしまう。そして仲間と薬をのんで透明になった龍樹菩薩は、王宮に忍び込み、女官たちと快楽にふけりますが、女官たちの妊娠で悪事が露顕し、仲間たちは惨殺されました。「欲望は苦の原因」と悟った龍樹菩薩は、お釈迦様を頼って出家するのですが、そこでもまたいろいろなことをやらかしてしまう。つまり、懲りないのです。

お経には〝人間てダメなんだな〟と思わせる話もたくさん出てくることを知った覚峰さんはホッとして、「案外雑に生きてもいいんだな」と思えた。感じていた生きづらさが、ふっと楽になったと言います。そして、自分と同じように、お経の言葉を必要としている誰かに届ける仕事をすることを決めたそうです。

＊アメリカ同時多発テロ事件：２００１年９月11日、イスラム過激派テロ組織アルカイダによって全米４か所が攻撃された事件。２９７７人が死亡、２万５０００人以上が負傷した

84 人や社会の「あそび」の部分には、危険回避の役割がある

この場合の「あそび」とは、たとえば自動車のハンドルなどにあえて設けてある、動作を加えても反応しない余裕の部分のこと。これがあることでタイヤが自由に動き、車はまっすぐに走ります。なぜなら、ほんの少しハンドルを動かしただけでいちいち車が反応してしまっては、車がふらふらして非常に危ないのだそうです。この「あそび」は、人や社会でも必要だと覚峰さんは考えます。

覚峰さんが育ったのは東京・浅草。小さいころはよく〝何をしているかわからないおじさん〟＝〝社会のあそび〟が、夕方になると道端で缶ビールを飲んだりしていたそうです。でもそのおじさんは、道路でキャッチボールをする覚峰さんたちに「お〜い！　車来るぞ！」などと注意してくれた。おかげで事故にあうこともありませんでした。そういう「何をしてるのかわからない人」の存在は社会において実はとても重要で、覚峰さんは「お坊さんの役割もそれに似ている」と言います。お坊さんという、実は何をしているのかよくわからない人が存在していることが、とても重要なのだと。

今は世の中の人の仕事が細分化されて、やることの範囲がはっきりしているけれど、融通も利かなさそう。お坊さんはみんなが集まれて、そこで遊んだり、大事な相談もできるフレキシブルな町の空き地に似ていると覚峰さんは考えます。

お坊さんは、人や社会が危険なほうに行きがちなとき「お〜い、どうしたんだ〜」と、声をかけてくれる存在。少なくとも覚峰さんは、ご自身をそう位置づけています。

85

「もっともっと」は修羅の道、「自分にとっての100点」を決め、余裕を愉《たの》しむ

いくつかのウェルビーイング調査[*1]で〝料理をする人の生活満足度が高い〟というデータがあります。それは料理という行為が、諸説あるウェルビーイングの因子、たとえばポジティブな感情や没入感、達成感、自己肯定感、人とのつながりなどをすべて満たすからだと言われているからです。しかし、そもそも「料理をするという行為は余裕がなくてはできないものだ」と、〝料理僧〟覚峰さんは考えています。

かつて陸上の100メートル走で10秒を切ることは人類の夢でしたが、今や10秒を切らないと世界レベルの競技会には出場できません。じゃあ、将来は9秒を切るのか？　いつまでそんなことを続けるのか？「もうそういう時代じゃない」と覚峰さんは言います。これからは、アーチェリーや射撃の〝真ん中に当てたら一番〟のように、自分にとって何を100点とするかを自分で決める時代。自分らしく進めば、「追いつけ、追い越せ」という、果てしない競争に加わる必要はなくなります。

仏教では、人が前世の行いによって生まれ変わるとされる六つの世界があります[*2]。争ってばかりでは「修羅道」に落ちるとされ、ここは争いの絶えない、苦しみと悲しみの世界なのだそう。お金、物、暮らしや食べるものに対して「私はこれで満足」と決め、生まれた余裕の部分で料理を楽しむ。そのほうがずっといい人生が送れそうです。

＊1　ウェルビーイング調査：PwCコンサルティングが実施した「幸福度マーケティング インサイト」第13回「食を通じた幸せ・ウェルビーイングを考える」など

＊2　六道輪廻《りくどうりんね》：天道・人間道・修羅道・畜生道・餓鬼道・地獄道

86

目の前の食べものが
どこから来たか考える、
それだけで物事と向き合う力が養われる

覚峰さんは自らを〝料理僧〟と称し、料理することや食べることを通じて伝わる仏教もあると考えています。

仏教では「四分律行事鈔《しぶんりつぎょうじしょう》」というお坊さんに向けた指南書があり、その一部に毎回の食事の前に唱える5行の言葉があります。そのひとつ目が「計功多少量彼来処」。目の前の食べものが供されるまでの、人々の思いや命に目を向けるというものです。

たとえば目の前にパンがあったら、「このパンはきのうお母さんが買ってきてくれた、パンは小麦粉からできている、その小麦を作ったのは農家の人と、太陽と土と水だ、粉は工場に運ばれ、工場の人によって作られる……」というように、次々と想像力を働かせていく。これをすることで、食べ物においしい、まずいだけでなく、ありがたいや尊いというベクトルが生まれます。

私たちは、これほどまでに食べることと向き合っているでしょうか？「ああ、今日は10時から会議だ、どうしよう、まだ資料もできていない」などと、無意識に食事以外のことに気をとられながら食べているのでは？　目の前の食べ物は明日の自分を作る。そこにきちんと意識を向けることができたら、一緒に食べる人や仕事、世の中にも自然と意識が向いて、家族のことも労《いたわ》れるし、仕事のことも落ち着いて考えることができるようになる。「人って忘れちゃうんですよ、そういう大事なこと。でも、一日に3回も機会があるので、毎回やればいつかは身につきます。ありがたいことです」。そう覚峰さんは語りました。

87

「泣きたいときと、泣いた後に食べるもの」を人生で決めておく

「泣きたいときはありますか？　そんなときは何を食べますか？」という視聴者からの質問に、覚峰さんは「お粥《かゆ》」と答えました。覚峰さんにとってはこれしかないそう。

「自分にもつらくて泣きたいときはあるし、誰にでもあると思う。でも、そういうときに大事なのは、そんな自分の状態をなんとかしようなどと思わないこと。泣きたいんだから、泣けばいい。おなかがすいたら食べる、それと同じです」

そう覚峰さんは言い、さらに助言をしてくれました。それは、〝泣いた後に、回復に導く食べ物を決めておく〟ということ。覚峰さんにとってはそれがお粥なのです。

お粥は、昔から風邪をひいたり、具合の悪いときに食べさせてもらっていたので、「弱っているときに食べて、少しずつ身体や心をととのえていくもの」というイメージがある。このイメージが大事で、それを食べることによって、自分の意識を休息と回復に向かわせてくれるのだそうです。〝自分に立ちかえる〟こと、これが大切なのです。

弱っているときには、昔から自分がそういうときに食べてきたものを食べ、小さいころと同じように、よく寝て、休んで、ゆっくりと治していく。

覚峰さんは、「その象徴としてお粥と言いましたが、〝うちでは弱っているときは焼肉です〟という人はもちろん焼肉でもいいですよ」と笑いました。

京都先端科学大学教授

川上浩司

KOJI KAWAKAMI

京都大学、同大学院で第２次ブームのAI研究に携わった後岡山大学助教、京都大学准教授。不便益（不便の効用）を指針とするシステムデザイン論を研究。京都大学特定教授を経て京都先端科学大学工学部教授に着任。

2023.6.9 Interview

「不便益と人」について

世の中ではますます「便利」を追求する中、
「不便だからこその効用」を考える
「不便益」のシステムデザイン論を
研究する川上浩司さん。
便利さの追求で見逃されがちな「不便の益」という
フィルターで周囲を見直すと、驚くほど新鮮で面白く、
わくわくするような楽しさが湧いてきます。
「最先端の技術で世の中を不便にし、楽しくする」を
目論《もくろ》む川上教授の、誰かに話したくなるととのえ方。

88

「便利」に慣れた頭と身体に「不便益」を注入してリフレッシュする

「不便益」という言葉を生んだのは、川上さんが〝師匠〟と呼ぶ、人工知能研究者の片井修教授。川上さんが、母校である京都大学の情報学研究科の研究室に着任したときに初めて聞いたそうです。この仏教用語のような造語は、究極の便利を考える人工知能や工学の分野から出てきたバリバリの「理系」の言葉なのです。

「これからは不便益やでえ。数字で語れるような限定的なトコだけ見てていいんか?」

と師匠は川上さんたちに問いかけました。「不便益」とは、文字通り〝不便さがもたらす益〟のこと。「不便だからこそ得られる益がある」という、前向きな不便。それでもぴんと来なかったら、「便利だけど残念なもの」を考えたらわかりやすいでしょう。

「富士山頂まで一気に行けるエスカレーター」「デアゴスティーニ*の一括お届けサービス」。一見「便利！」と思えますが、何かが残念。山登りの計画を立てるときのわくわく感や、次の部品を2週間待つ楽しみ……そのすべてを失うのです。

今、「ドラえもん」の世界は現実になりつつあります。スマホや便利なデジタル機器なしの暮らしはちょっと想像がつかないのではないでしょうか。とはいえ、「便利」だけを絶対的な価値とする発想には限界も感じるし「何もしなくていいのはいいことか？」という不安も。だからこそ、便利さ、使いやすさを考える工学から生まれた「不便益」という視点こそが、人間とは何かを、考える機会をくれるのだと感じます。

*デアゴスティーニ：イタリアの出版社。日本法人はデアゴスティーニ・ジャパン。フィギュアなどが作れる、パートワーク方式の分冊百科の出版を行う。

89

「不便」＝「頭を使い、手間をかけられること」。これが主体性

川上さんは不便益を日々考え、新しい不便益システムデザインのアイディアを得るため、スマホを持っていません。

出張先のホテルに行くときは、あらかじめ出力した地図をたよりに、ビルの看板などを見ながら歩きます。そうすると少し迷ったりもするのですが、おもしろい路地や「お、今夜はここで呑《の》もう」と思える店を発見したりできる。スマホの画面を見ながら、

下を向いて最短ルートで行ったのでは得られない益です。

川上さんは不便益のあるものをデザインしたいと考え、「一度通った道がだんだんかすれていくナビ」を作りました。同じところを3回通ったら、地図はもう真っ白になります。そして実証実験もしました。「道が消えない普通のナビ」を持ったグループと「道がかすれるナビ」を持ったグループに分かれ、同じルートで京都を観光してもらうというものです。

終了後、それぞれに「必ず見たであろう風景」と「ルート外の、本来は見るはずがない風景」の2種類の写真を見せて、その風景を見たか尋ねたところ、かすれるナビを持っていた人たちのほうが有意に正解率が高くなったそう。「このナビはかすれてしまうから、ちゃんと覚えよう！　という深層心理が働くようだ」と川上さん。

ナビは便利なものですが「あなたは考えなくていい。こちらを信じろ」と言っている。「考えなくていい」は「考えるな」と同じで、そこでは主体性は否定されます。不便益の重要なキーワードは「主体性が持てる」ということなのです。

90

「回り道」「道草を食う」「気が変わる」を楽しめる人は幸せに気づきやすい

「不便益」の例として川上さんが挙げてくれたものに、航空会社ピーチ・アビエーションの「旅くじ」があります。通称〝旅ガチャ〟と呼ばれた、このカプセル自販機で引くくじ型旅行商品は、2021年に大阪で設置されたのが最初。一回5000円でハズレなし、ただし旅の行き先は選べません。自分の旅行先が選べないなんて不便で不自由だけれど、とてもわくわくします。

もう一つは、学生たちが考えた「京都市左京区を左折だけしながら歩く」という街歩きツアー。これも実に不便です。すぐそこに行きたいのに左折を繰り返さないといけない。路地が碁盤目状になっていて、行く先々に興味深いものがあふれている歴史ある街・京都だからこそ得られる不便益です。

さらに、川上さんの友人が考えたものに「自分で握る回転ずし」があります。ネタだけが回ってきて、すしに握るのは自分。たとえば自分の子どもの誕生日におすしを握ってあげるなんて、とてもいいイベントになりそうです。

不便益は、目的に向かってまっしぐらに、効率よく突き進むのが好き！という人には楽しめないかもしれません。「あなたは自由です、と言われて〝何もしなくていいんだ〟と感じる人と〝何をやってもいいんだ〟と感じる人の2通りがいるとしたら、明らかに後者のほうが不便益との相性がいい」と川上さんは言います。

迷いながら、道草を食いながら、〝自分の考え〟で進むおもしろい人生。不便益とウェルビーイングはとても相性がよさそうです。

つくば

身体教育家

林 久仁則

KUNINORI HAYASHI

身体教育家。東京藝術大学非常勤講師。筑波大学大学院で姿勢制御における中枢神経系の研究に従事。体育科学修士。武術研究者・甲野善紀氏の技に触れ、身のこなしと脱力の働きに興味を持つ。都内複数の教室にて身体の動きに関する講座を務める。

2023.7.4 Interview

「身体と心」について

わたしたちはともすれば身体と心を分けて考えがち。
でも、たとえば「口角を上げると脳が〝幸せ〟と感じて、
気分がよくなる」というような、
身体から心にアプローチする方法も最近よく耳にします。
2022年、NHKの「趣味どきっ!」で
「古武術に学ぶ体の使い方。」の講師を務めた
林久仁則さんに伺ったお話には、
身体と心について新鮮な驚きと発見があります。
多くの人に知っていただきたいととのえ方。

91

緊張や怒りを感じたら、まず身体の力を抜いて、姿勢をととのえて深い呼吸をし、自分の気持ちに向き合う

林さんが筑波大学の大学院生だったころ、ある講演会で、武術研究家の甲野善紀さんと運命的な出会いを果たしました。その講演会で、圧倒的に有利な体格の林さんが、甲野先生に簡単に倒されてしまった。驚く林さんに甲野先生は「これは技術ですから誰でもできる」と言い、それ以来林さんは古武術の身体の使い方の研究を始めたのです。

私たちは緊張したりするとき、必ず体のどこかに力みが生じています。無意識に肩

が上がり、横隔膜が緊張して呼吸が浅くなり、〝気が上がった〟状態になって、地に足がつかなくなっているのだそう。そんなときはどうしたらよいのでしょう？　林さんが教えてくれたのは、禅の言葉である「調身調息調心」。「調身」「調息」「調心」と3つの単語から成りますが、その順番に非常に重要な意味があると言います。

意識して自然に姿勢を正し（＝調身）肚腰《はらこし》呼吸＊で深い呼吸をして力みを取り（＝調息）、自分の身心の状態を俯瞰《ふかん》的に見つめることで自然と心をととのえる（＝調心）というもの。心をととのえるために、まず初めに身体をととのえるのです。「怒りや緊張は否定しないけれど、自分でコントロールできうる対象という認識です」と林さん。

身体は常に心の状態を受け止め、無自覚に緊張したり固めたりして自分を守ろうとしているのでしょう。だから、反対に身体の力を抜いてリラックスした状態になると、心がその身体に呼応する、これは覚えておきたい技術だと思います。

＊肚腰呼吸＝林さんの提唱する胴まわり全体を使った肚も腰も膨らませる呼吸

92

立ち向かう相手の大きさは、自分の脳が勝手に貼ったラベルにすぎない

武術の稽古では、相手を崩したり重いものを持ったりする前段階として、まず「自分の状態と向き合う」ことが繰り返されるそう。姿勢を正し、肚（腹、武術の、へその下約10cmの、内側全体に感じる膨らみ）が充《み》ちるような呼吸をし「身体が感じていることを、柔軟に受け止める」程度の自分との間合い感覚が大事。世の中のあらゆることは心や頭で判断しがちですが、身体にその主役を明け渡してしまうのがいいそう。しかし、それ

を妨げるのは何でしょうか？ それは、「こうであるべき」という、既成のフレームから抜けられないこと。身体が感じていることを頭で排除してしまう。「何だろう、この違和感・感覚は⁉」と感じているのに、頭で解釈できないために「なかったこと」にしてしまう。それは、可能性に蓋《ふた》をすることにつながると、林さんは言います。

だから「○○はこういうものだ」と意識が囚われている状態から自らを解き放つことが大切。自分より大きな相手に立ち向かう時に「大きいなあ！」と思うはず。でもその「大きさ」は、過去の体験から、「大きい＝動かすのが大変」という思い込みに、身体が囚われている状態だそう。林さんは「武術であればその時点で、もう態勢が崩れている」と言います。これは、私たちが生きていくうえでも同じだと思います。

仕事で困難なプロジェクトや大きな競争相手と立ち向かうときも、自分の力みに気づき、自分を見つめ直し、リラックスして脳が認識している思い込みのラベルをはがす。すると相手への自分の力の「通り道」が身体を通して見えてくる、と林さん。

相手の大きさは脳が作ったもの、この言葉には大きな驚きと気づきがありました。

精神科医など

星野概念

GAINEN HOSHINO

精神科医として働き、執筆や音楽活動も。各種媒体の連載のほか、寄稿も多数。いとうせいこう氏との共著『ラブという薬』『自由というサプリ』（リトル・モア）、単著『ないようである、かもしれない 発酵ラブな精神科医の妄言』（ミシマ社）『こころをそのまま感じられたら』（講談社）など。

2023.8.8 Interview

「ウェルビーイングな心の状態」について

星野概念さんの肩書は「精神科医など」です。
あるときはミュージシャンで、
文章も書く多彩なかたですが、
自著でも書いている通り、
それらすべてに通じているのは、
精神科医として「人の心」を感じ、考える視線。
そんな星野さんに伺ったのは
「ウェルビーイングな人の心の状態」について。
星野概念さんの、とてもホッとできる、ととのえ方です。

93

「健康」や「ナチュラル志向」と同じように、「ウェルビーイング」も突き詰めすぎない

星野概念さんは精神科医で、ミュージシャン。「バンドで天下を取ってやる！」と思うほど音楽に本気だったそう。そんな星野さんが精神科医を目指したのは、医学部の6年生のころ、糸井重里さんと脳科学者の池谷裕二さんの本『海馬』*を読んだのがきっかけ。人生とは、人間とはと話題が広がるこの本に、多大な影響を受けました。

星野さんの仕事は「何かの困りごとがあり、それが滞っている人」の話を聞き、専門

医としてだけではないさまざまなアプローチで、心の滞りを流す方法を探ること。

人は身体が凝っているとき、整体師の施術でほぐしてもらうと、楽だなあと感じ、自分がいかに辛かったかがわかります。心も同じで、「楽だなあ」という感覚を知ることが大事。そうすれば、辛いときも、「楽」な状態に戻る方法を考えることができます。星野さんは、ウェルビーイングな状態もこの〝楽〟の感覚に近いのではと話しながらも、「これだ！」という言葉が見つからないそう。でも、大事なのは「ウェルビーイング……充たされた感じ」を突き詰めすぎないことだと言います。例えば健康志向も、「こうあるべき！」と思い込むと、人は必ず無理をしてしまうのだと。「健康のためなら死んでもいい」という冗談があるくらいですから、確かにそうかもしれません。

「気をつけられるところだけ気をつければいいや、くらいのほうが負担が少ないんです」。そう語る星野さんの言葉は、人間は良いことにも悪いことにも囚《とら》われやすい生き物なのだと気づかせてくれました。

＊『海馬 脳は疲れない』2002年（朝日出版社）

94 「一人で不安か、安心か」はウェルビーイングを考えるキーワード

インタビューの序盤では、「ウェルビーイングな心の状態を言葉で表すのは非常に難しい」と語った星野さんですが、話をするうちに一つの視点を導き出しました。「もしかしたら〝安心して一人でいられるか〟がカギになるかもしれない」と。

それはつまり、「孤立」か「孤独」かの違いです。孤立とは「自分は独りぼっちだ」と感じ、寂しくて、いたたまれない状態。だれかに会いたいけれど、断られたらもっと辛く

なるのではないかと不安になって連絡することもできない。結局ひとりで延々とSNSを眺めたあと、たまらず外へ出てみても不安は収まらない。星野さんは「そういう時は必ず心に滞りがある」と言います。

一方で孤独とは、一人でいても不安を感じない状態。だれかに会おうと思えば躊躇《ちゅうちょ》なく連絡でき、断られても「ま、いいか」と思える。一人でいる自分と、だれかに会いたい自分を「不安」という障害物なく、シームレスに行き来できるのです。いうなれば、孤立は「心の居場所がなく、不安」、孤独は「心の居場所があり、安心」な状態です。この差は大きく、また、何かをきっかけに〝安心な孤独〟が〝不安な孤立〟に変わってしまうことも。そして孤立感は自己否定につながり、ますます不安定な状態になってしまう。

「人が生きるためには、だれかに頼れる安全で安心な場をまずは確保する必要があります」と、星野さんは自著『こころをそのまま感じられたら』*の中で語っています。「場」は心の居場所、しかもそれはいくつかあったほうがよいのです。

*『こころをそのまま感じられたら』2023年（講談社）：星野さんが考えながら生きる日々をつづったエッセイ。

95

違和感を持った
もう一人の自分をいないことにせず、
その声もよく聞いてやる

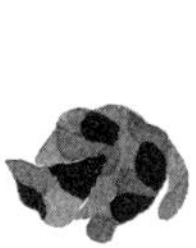

「自分のことは一生、物理的に見られない。だれかが見ているのと同じには自分のことを見られない」。星野さんのこの言葉にハッとしました。見ることができないからこそ自分を客観視することは自分を知るためにとても大事なのでしょう。そして「自分がいやだと感じること」を知ることも大切です。

人は生まれ、育てられ、教育機関に通い、みんながやるから勉強したり遊んだり、働

いたりする。それが合えばいいけれど、「みんなは楽しそうなのに自分はこれが楽しくないのはなぜか？」と、うっすらと感じ始めてしまうものです。厄介なのは、自分が望んで始めたことでも「なんかいやだな」という気持ちが出てきてしまうこと。その〝違和感〟に対して、「自分はおかしいのかも」「なぜ自分はがまんできないのだろう、だめだなあ」などと思い始めると、自己肯定感が低下してしまうと星野さんは言います。

違和感を覚えるのは、人が集まって社会を形成していくうえでは必然的なことですし、人を成長させてくれもします。素晴らしい香りの香水の調合には、不快な香りが必要、とされているように。でも、違和感を持っている自分をいないことにせず、そういう自分がいることを納得したうえでふるまうことが大事だと星野さんは言います。

〝違和感担当〟の自分にごめんと謝ったり、「続けられないのはわかっているよ」と心の中で言ってあげる……。違和感に無理に蓋《ふた》をすると、やがて身体が無理！と言い出し、眠れなくなったり、会社や学校に行けなくなったりしてしまうそう。そうならないためには、だれかに話を聞いてもらい、心をほぐしてもらうのがよいそうです。

96

最終的に自分の専門家は自分。「自分のトリセツ」を書いておくのがおすすめ

星野さんは日々〝困りごと〟を抱えた人たちの話を聞いています。人の困りごとは千差万別で、まさに多面体。星野さんの著書『こころをそのまま感じられたら』（P239参照）のタイトルは、相手の心の状態をはっきりと理解するというよりも、「曖昧な部分も含めて眺め、受けとめる」（同書より）という星野さんの向き合い方を表しています。

星野さんはまず相手を受けとめ、あらゆる事例や研究を参照しながらさまざまな提

案をして、相手と一緒に最良の方法を探します。薬の処方箋も書くけれど、それも回を重ねると、相手と相談して取捨選択・加減ができるようになる。身体的な施術か、カウンセリングか、投薬か。〝困りごと〟を抱えた人は次第に自分のメンテナンスに習熟し、自分の状態に適した施術方法を選べるようになってくるそうです。

そうして徐々に〝治療〟が〝養生〟へと変化し、その人は〝自分の専門家〟として、自分が楽になる方法を使い分けられるようになるのだそう。〝自分の専門家〟になるためにはどうしたらいいのか伺うと、「自分のトリセツ、書いておくといいんですよ」と星野さんがアドバイスしてくれました。自分がどういうときに不機嫌になるか、それはどうすると直るのかをメモしておくのだそう。解決策は「〇〇へ行って唐揚げを食べる。ひとりカラオケで絶叫する」など、なんでもいい。「イライラしたときって、落ち着いて考えられなくなるから、このトリセツを読むんです」そう語る星野さんは、精神科医という仕事を「いつまでたっても初心者のように感じる、やりがいのある仕事」と言って笑います。それはきっと、人の数だけ悩みがあるから、なのでしょう。

慶應義塾大学外学院教授

前野隆司

TAKASHI MAENO

慶應義塾大学大学院システムデザイン・マネジメント(SDM)研究科教授、同大学ウェルビーイングリサーチセンター長、一般社団法人ウェルビーイングデザイン代表理事、ウェルビーイング学会会長、武蔵野大学ウェルビーイング学部学部長(予定)

2023.7.14 Interview

「ウェルビーイング」について

前野隆司さんは、「ウェルビーイング」の研究者であり、それを教え、広め、人材の育成にも着手しています。ウェルビーイングは、いわば〝科学的データに裏付けされた、人がよく生きるための宗教学問〟という前野さん。今、どの領域の仕事、どんな人でも、ここに立ち返って考えるべき場所がウェルビーイング。当たり前を、もう一度ウェルビーイング視点で見直す時代が来たのでしょう。

97

〃ウェルビーイング〃は科学的データに裏付けされた幸せの考え方と行動の指針

前野隆司さんはもともとエンジニアでしたが、15年くらい前に「今僕が作っているものは、本当に人を幸せにできるのか」という疑問が湧いてきたそう。

多くの宗教には「生きていることに感謝する人」「家族など周囲と仲良くする人」は幸せになれる、という趣旨の教えがあると思います。また、小学生のころに「あいさつは大きな声で」「お友達とは仲良く」と教えられたと思いますが、それらは子どもにか

ぎらず、人を〝ウェルビーイングな状態〟に近づけるために非常に有効な行動だと、1980年代以来のコンピューターの進化による研究で、科学的に証明されました。たとえば、統計学である心理学のデータ分析では、「ありがとう」と言う人の〝幸福感〟〝充足感〟との相関関係は数値で表され、感謝する人は幸せ、という傾向は中程度以上」のように、プロットで示されたのです。ここ30年、日本経済は低迷し、世界規模の調査「ワールドハピネスレポート」*でも、日本人の幸福度は先進7カ国（G7）中最下位。世界的に見ても産業革命以降の自由な経済活動の結果が、環境破壊や格差を広げ、人と人とのつながりを希薄にしてしまった。「だから、」と前野さんは切り出します。

「もう一度根本的に〝人はどうしたら幸せを実感できるか〟を世界中すべての人が考える必要がある」。前野さんの言葉は明るく、力強い説得力に満ちていました。

*ワールドハピネスレポート（The World Happiness Report）：世界幸福度報告。国際連合の持続可能開発ソリューションネットワークが発行する、幸福度調査のレポート。自分の幸福度を0～10段階で答える主観的な数値によるもの

98

「身体に気をつけて」と言うように、「幸せに気をつけて」と、自分と他人を労《いたわ》る時代が来た

「ビタミンB_2は疲労回復に効く」「運動習慣はあらゆる疾病の予防につながる」など、私たちの身体の健康に関するノウハウの知識はどんどん増えています。そして今、科学的データに裏付けされた、「どうしたら幸せ、充足感を得られるか」に関する実践的情報も増えています。前野さんおすすめの方法は「口角を上げる」こと。うれしいと感じたときと意図的に同じ動作をすれば、脳が「うれしい」と感じ、本当に気分がよくな

ります。他にも「ありがとう」と言うとセロトニンやオキシトシンなどの、幸せ、愛情・安心を感じさせるホルモンが分泌されるといった、多くのことがわかってきました。

「ウェルビーイングのキーワードをかいつまんで言うと」と前野さんが挙げたのは「やりがい、生きがい、働きがいと人とのつながり」です。それらを満たしてウェルビーイングな状態を作り、保つためには、自分の気質を知ることも大事。人間には外向的な人も内向的な人も、他人と積極的に話せる人も話せない人もいますが、気質の半分は後天的なもの。「自分は内向的だな」と思ったら、まずそれを意識し、少しずつでも人と話すようにすると、新しい自分と出会えるはずです。なお、「自分は一人で幸せ」という人は、孤独を辛《つら》いとさえ感じていなければそれでいい、とも前野さんは言います。

いくつになっても、自分しだいで健康は増進し、保つことができる。幸せに関しても同じです。うまく情報を収集して、自分なりの「健康法」と「幸福法」を持つことが、きっと一般的になってきます。「最近〝幸せ〟に気をつけ足りないかも」なんて、普通に言葉にするようになるのかもしれません。

99 料理は創造的な行為。創造的なことをする人は幸福度が高い

私たちは1日に3回食事をします。「食べる」という行為は、健康に大きく関わると同時に、幸福感や充足感を得るうえでもとても重要。おいしいものを食べると、うれしくなる。家族や友人と食卓を囲み、料理や食材、味についてあれこれ話し、作ってくれた人、買ってきてくれた人に感謝をする。だから「食事はパワフルなウェルビーイング作りの機会」と前野さんは言います。

今では、どんな食材が〝幸せにいい〟かもわかってきています。たとえば、幸せホルモンと呼ばれるセロトニンの合成に必要なのはトリプトファンやビタミンB6。それらを多く含むバナナやまぐろ、かつお、赤身肉、ナッツ、大豆製品、乳製品などを意識してバランスよく食べることは、すぐに実践できる幸せになるためのメソッド。そして「料理をする人は幸福度が高い」というウェルビーイング研究結果も。

料理は創造的な行為。「『おいしいものを作ろう』という気持ちは『美しいものを作ろう』と思う気持ちと同じで、美学の範疇でもあるのです」と前野さんは語ります。

さらに前野さんの話で興味深いのは、美しいものを「見る」機会が多くある人よりも、「作る」人たちのほうが幸福度がずっと高い、ということ。つまり、毎日外食でおいしいものを食べるよりも、自分で料理をするほうが、生活の中で満足感や充足感を味わう割合が高いのだそうです。料理をしないと幸せになれないということではなく、小さなことでも「こうしたらどうだろう」と〝自分が工夫できる行為〟をする時間を持つことは、ウェルビーイングに大きく影響するようです。

100

漢字からカタカナを生み出した日本人が作り上げるウェルビーイングは世界を救う

「ウェルビーイングは心と身体と社会の良い状態、シンプルに言えばそういうことなんです」と、前野さんは明確に言います。ウェルビーイングは、人事や経営の課題というだけではなく、人間がもう一度向き合い直すべき、すべての問題の根本なのだと。

　自由経済の行き過ぎと行き詰まりの結果、深刻な環境問題や経済格差が生まれ、人々が分断され軋轢《あつれき》が深まっている。そんな中で生まれたのが、「ウェルビーイング」という、科学的データに裏付けされた幸せの概念なのです。よく「ＳＤＧｓと何が違うのか」と言われますが、ＳＤＧｓは17に分けられた複数の目標である一方、ウェルビーイングの目標は「『生きとし生けるものすべての幸せ』を考える」こと、これ一つ。さらに前野さんは「政治や経済、産業、教育、医療、福祉などあらゆる領域で、〝立ち返って考えるべきよすが〟となるのがウェルビーイングだ」と強く語ります。「どうすれば売れるか」ではなく「どうすれば人を幸せにできるのか」と考えるべき、と。

特に、日本人がウェルビーイングを取り入れ、理解し、研究し、〝日本的ウェルビーイング〟を世界に発信できたら、世界は救われるに違いない、と前野さんは言います。日本には、明治維新の変革はもとより、古くは漢字、仏教、茶などの嗜好品まで、外国から取り入れたものを独自の文化として作り上げてきた歴史があります。

漢字を取り入れ、そこから平仮名とカタカナを生み出したように、きっと日本人は日本独自のウェルビーイングを生み出すに違いない、そう考える前野さんは今「ウェルビーイング人材」の育成に着手し始めました。

小さな幸せを感じ取り、毎日を気分よく過ごすための第一歩

「ウェルビーイング100 byオレンジページ」編集長／前田洋子×ウェルビーイング勉強家／酒井博基

カレーとウェルビーイングの共通点

前田　ウェブメディア「ウェルビーイング100 byオレンジページ」のなかでも、本書に収録した連続インタビュー企画はいつも本当に盛り上がりますよね。

酒井　みなさん職業も専門分野もバラバラで、人選を行う編集会議も毎回楽しいです。そういえば、インタビューをしたかたでウェルビーイングの専門家は石川善樹さんと前野隆司さんだけなんですよね。ウェルビーイングはまだ暮らしのなかにまでは浸透していない言葉だと思っていて、だからこそ、いろんな人にお話を聞いてみたかった。この本のタイトルの「ウェルビーイング的思考100」は、「ウェルビーイングを100通りの考え方でとらえてみよう」というアプローチでもあります。

前田さんは印象に残っているエピソードはありますか？

前田　たくさんあります。たとえば五味太郎さんの、個人と社会とか、個人と会社は対等であるし、そう思わないとダメだよねというお話。そういうことをじっくり考えたことがなかったので、わたしたちって〝評価されて選別される〟ことに慣れてしまったんだなと気づけたのも大きかったです。

酒井　たしかに、五味さんのお話は僕も印象的です。

前田　甲斐みのりさんのお話で「さあ、私を満足させなさい！　という態度で世の中を見ていると、その人は一生満足できない」というのがすごく記憶に残っています（→P70）。

酒井　僕は小山薫堂さんの方言の話が印象的でした（→P87・88）。「のさる」とか「よかよか」といった言葉のなかに日本的ウェルビーイングのヒントが隠れている。そういうところに直感が働く薫堂さんは嗅覚が鋭いですよね。薫堂さんの〝自分教〟の話を聞いて（→P84）、お坊さんにも話を聞いてみたいねということになり、青江覚峰さんでようやく実現しました。仏教にかぎらず、「信じること」というのは、ウェルビーイングと深い結びつきがあると感じました。あとはやっぱり、水野仁輔さん。終始カレーの話なんですが、中身はまさにウェルビーイング論なんですよね。

前田　水野さんこそがウェルビーイングを体現しているような人。すごかったですよね、なんでもカレーに置き換えて考えてしまう。

酒井　ウェルビーイングの話ってどうしても抽象度が高くなるんですが、カレーでたとえると不思議と納得がいくんですよね。

心の置きどころを知ったら、気持ちが軽くなった

酒井　実際に暮らしに取り入れた「ウェルビーイング的思考」や、影響を受けて生まれた変化はありますか？

前田　あります、あります。たとえば石川善樹さんの「ウェルビーイングは隣の人に興味を持つこと」という視点。人に関心を持つことを意識するようになって、職場の同僚や隣の家の人と積極的に話し

たいと思うようになりました。

酒井　すごくわかります。

前田　あとはなんといっても、さっき酒井さんも挙げていた「のさる」。いいことも悪いこともすべて運命として受け入れる、本当にいい言葉です。つらいことがあったとき、「まあこれが人生だもんね」とのさってみたら、気が楽になったんですよ。

酒井　僕は、毎晩寝る前に家族でその日幸せに感じたことを3つ挙げるようにしました。そうしたら、夕食がおいしかったとか、思った以上にささいなことで幸せを実感できてるんだなと感じて。日々〝実感〟するものだとわかったことで、自分にとって大事なものも見えてきました。

自分で自分を幸せにするのは難しいことじゃない

酒井　前田さんは、ウェルビーイングという言葉への理解も変わりましたか？

前田　インタビューを通じて、幸せは突然湧き上がる大きな感情ではなく心に沁《し》みてくるものであり、しかも日々の小さなできごとで得られるんだとあらためて知りました。

酒井　遠山正道さんが「ウェルビーイングって、気取っててよくわかんない言葉だよね」とおっしゃっていて、自分も最初はそういう印象だったなと思います。ウェルビーイングを実感するためには、自分の感度やコンディションをととのえて、ものごとをポジティブに解釈することが重要なんですよね。

前田　そうそう。もちろんウェルビーイングをメソッド化する手法も有効だと思うんですが、まずは情緒的なアプローチで考えたほうが、自分ごとにしやすいと思います。

酒井　自分の励まし方にはたくさんの方法があり、特に今回の21名はそのことにものすごく長けている人たちだなと思いました。みんな、さまざまな生きづらさを抱えながら、自分なりの方法で心をととのえ、折り合いをつけている。僕も、そのすべをもっと磨いていきたいです。

前田　今後「ウェルビーイング100」を通してやりたいことはありますか？

酒井　幸せについてもっと堂々と語り合える世の中にするために、ウェルビーイングを暮らしのなかに浸透させたいです。というのも、「ウェルビーイング100」を立ち上げる際にひとつ目標を立てたんですよね。企画の参考にしたアンケート調査「オレンジページくらし予報」（２０１７年11月実施）のなかで「１００歳まで生きたくない」と答えた人が65．４％というデータがあり、その数字を減らしたいっていう。この本は、その第一歩になったと感じています。暮らしのなかにウェルビーイングをどう浸透させていくかは、これからも模索していきたいです。

前田　うんうん、わたしも同じ気持ちです。いろんな人が、自分や周りの人の幸せについて考える機会をもっと持てるようになったらいいなと思います。ウェルビーイングって実はちょっとした心がけで感じられるように思えますし。

酒井　この本も、一方的に「こうすればウェルビーイングが高まるからがんばれ」と言っているわけではなくて。いろいろな視点から語られた〝ととのえ方〟が日々を気分よく過ごすヒントになるよう、ずっとかたわらに置いてもらえるとうれしいですね。

生きづらさを、自分流でととのえる
ウェルビーイング的思考100

ウェルビーイング100編

2023年10月13日　第1刷発行

発行所／株式会社オレンジページ
〒108-8357 東京都港区三田1-4-18 三田国際ビル
電話／ご意見ダイヤル　03-3456-6672
販売（書店専用ダイヤル）03-3456-6676
（読者注文ダイヤル）0120-580-799
発行人／鈴木善行
印刷／株式会社シナノ Printed in Japan

 ISBN978-4-86593-570-7

●本書はオレンジページのウェブメディア『ウェルビーイング100byオレンジページ』のインタビュー「ウェルビーイング100大学」から構成したものです。

ウェルビーイング100 by オレンジページ
https://www.wellbeing100.jp/

STAFF

アートディレクション／引田 大（PIECE OF DESIGN）
撮影／原 幹和
イラスト／佐久間 茜(d-land)
校正／みね工房

企画・監修／酒井博基
文・編集／前田洋子
編集／今田光子
編集協力／平林理奈(d-land)
取材協力／中川和子